0·1·2 3·4·5 歳児の たっぷりあそべる 手作りおもちゃ

0·1·2歳児

①  シャカシャカころころ
②  リングリング
③ なんでもボックス 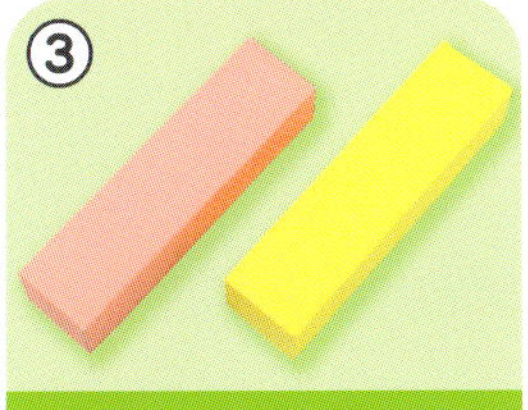
④  ぱっくボール
⑤ まじかるフェルト 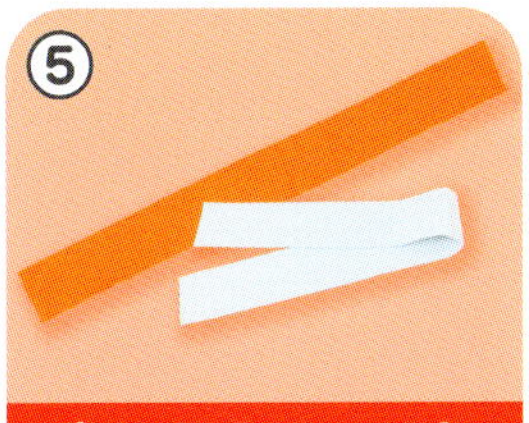
⑥  おもしろタマゴ
⑦  ぱっくんカード
⑧  フリフリぼんぼん

3·4·5歳児

①  スナッピー
②  スポンジころころ
③  カタカタっぷ
④  コパック
⑤  ストローロケット
⑥  うちわケット
⑦  筒ンガ
⑧  タツンダ

1つのおもちゃで16通りのあそび方♪

P.2～17はあそび一覧です

あそび一覧-1

0・1・2歳児①

1つのおもちゃで16通りのあそび

主な素材
ペーパー芯

中にビー玉とボトルキャップが入ってるよ！

シャカシャカころころ
P.20〜23

P.20 基本形で遊ぼう！

- シャカシャカ・マラカス 
- コロコロ…コロン！ 
- ならべる 
- ころころ体操

P.21 アレンジして遊ぼう！

- どうぶついないいないばぁ！ 
- これな〜んだ?!
- ペッタンペッタン
- ままごとグッズ

P.22 季節・行事にピッタリ！

- チュンチュンとりさん
- でんでんころころ
- 応援グッズ
- もちつきごっこ

P.23 倒して遊ぼう！

- つんでつんで！
- ならべてトントン
- コロコロどっか〜ん！
- シュ〜ッぼとん！

あそび一覧-2

0・1・2歳児②

1つのおもちゃで16通りのあそび

リングリング
P.24〜27

主な素材
新聞紙

子どもが持ちやすいリングになっているよ♪

P.24 基本形で遊ぼう！

- こんなことできるかな？

- のぞいてバァ！

- ころころリング

- ぶっぶ〜っ！

P.25 アレンジして遊ぼう！

- ひっぱってビョ〜ン！
- おさんぽヨイショ！
- 大きくしてみよう！
- リンリンリング

P.26 季節・行事にピッタリ！

- ひらひらチョウチョウ
- フォトリング
- リングリングリース
- リングリングでおあです

P.27 身近なものをプラスして遊ぼう！

- とどくかな？
- いろいろリングかけ
- タオルにのせてドカーン！
- ボールキック！！

0・1・2歳児③

あそび一覧-3

1つのおもちゃで16通りのあそび

なんでもボックス
P.28〜31

主な素材 ティッシュケース

半分に切ったティッシュケースをはめ合わせるだけ♪

P.28 基本形で遊ぼう！

- ならんでならんで
- つみつみボックス
- 並べて道づくり
- いろいろねいろ
- どんどんどん

P.29 アレンジして遊ぼう！

- にこにこエーン
- ぽと〜ん！ぽとっ！
- スイスイリフト
- サシコミーノ

P.30 季節・行事にピッタリ！

- パクパクワニさん
- お月見モンタージュ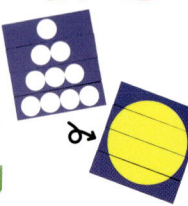
- カチカチボックス
- ちんとんびな

P.31 やりとりを楽しもう

- もしもし
- プレゼントボックス
- ひっつきベリー
-

0・1・2歳児④

あそび一覧-4

1つのおもちゃで16通りのあそび

ぱっくボール

P.32〜35

主な素材
牛乳パック

牛乳パックからボールに変身！

P.32 基本形で遊ぼう！

- つかんではーい！

- ボールコロコロ

- ボールキャッチ

- ボールぽ〜い

P.33 アレンジして遊ぼう！

- デコボコボール
- ボールぴょ〜ん
- チリリンボール
- くるくるボール

P.34 季節・行事にピッタリ！

- お着替えテントウムシくん
- てるてるボール
- ぷかぷかボール
- ♪起き上がりサンタクロース

P.35 いろいろなところに入れてみよう！

- マジカルボックス
- パックンころころ
- お買い物ごっこ
- ころころおっとっと

あそび一覧-5

0・1・2歳児⑤

1つのおもちゃで16通りのあそび

まじかるフェルト
P.36〜39

主な素材　**フェルト**

長めのフェルトをつなげるだけででき上がり♪

P.36　基本形で遊ぼう！

- まきまきフェルト
- ズリズリコースター
- 一本橋わたろう
- しっぽあそび
- にぎにぎあそび

P.37　アレンジして遊ぼう！

- ボタンつけ
- コットンあそび 
- ゴロゴロタッチ 
- ここにあったものな〜んだ？

P.38　季節・行事にピッタリ！

- シャワーちゃー！ 
- ヨーイ！ドン！！ 
- スキーごっこ
- 手作り身長計

P.39　引っ張って遊ぼう！

- ひっぱってボヨヨン！
- はこんではこんで
- ひっぱれボックス

あそび一覧-6

0・1・2歳児⑥

1つのおもちゃで16通りのあそび

おもしろタマゴ
P.40〜43

主な素材
ミニカップ

音や中身に子どもたちは興味しんしん！

P.40 基本形で遊ぼう！

- ゆびさきタッチ

- ふりふりタマゴ

- おやすみタマゴ

- スロープころころ

P.41 アレンジして遊ぼう！

- タマゴのキミかえかえ
- ひみつボックス
- タマゴのサイズかえかえ
- タマゴのおうち

P.42 季節・行事にピッタリ！

- ハンディーマラカス 
- 浮き浮きタマゴ 
- タマゴリース 
- キラキラくるくる

P.43 指先の感覚と聴覚を使って遊ぼう！

- これぞタマゴ！
- ぺっこ〜ん
- タマゴゴロゴロ
- わたしはだ〜れ？

あそび一覧-7

0・1・2歳児⑦

1つのおもちゃで16通りのあそび

ぱっくんカード
P.44〜47

主な素材
牛乳パック

牛乳パックの一面だけででき上がるよ！

P.44 基本形で遊ぼう！

- スマぱっくフォン

- ゆうびんごっこ

- はさみんこ

- カードあつめ

P.45 アレンジして遊ぼう！

- ひもとおし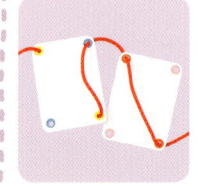
- いっしょだね！
- つなが〜るロード
- クルクルくるん！

P.46 季節・行事にピッタリ！

- ひっぱってー！
- ニョロヘビさん
- さんかくオーナメント
- ぱっくんゴマ

P.47 指先を使って遊ぼう！

- しかくー！！
- つないでつないで
- はりはがし
- まんまる型はめ

あそび一覧-8

0・1・2歳児⑧

1つのおもちゃで16通りのあそび

主な素材
傘袋
新聞紙

まずは音と感触から楽しもう！

フリフリぼんぼん
P.48〜51

P.48 基本形で遊ぼう！

- にぎにぎぼんぼん

- ふりふりぼんぼん

- くるくるぼんぼん

- ぼんぼんぽいぽい

P.49 アレンジして遊ぼう！

- つなげてニョロリン
- おわんころりん
- 同じ色でペッタンコ
- いないいないポン！

P.50 季節・行事にピッタリ！

- ひっくりテルテル
- チリンチリンチリン
- クルクルゴマ
- ぼんぼんひな人形

P.51 引っ張って遊ぼう！

- ぽんすーぽん！
- タオルでぴょーん！
- ビョーン！！
- ヨイショひっぱれ！

3・4・5歳児①

あそび一覧-9

1つのおもちゃで16通りのあそび

スナッピー

P.52〜55

主な素材
牛乳パック 紙コップ

スナップをきかせてボールを投げてみよう!

P.52 基本形で遊ぼう!

- なげて・なげて!

- スナップダーツ!

- 転がしあそび

- バランスあそび

P.53 アレンジして遊ぼう!

- ふりふりシェイク
- 壁掛け一輪挿し
- フーフー玉
- 水中メガネ

P.54 季節・行事にピッタリ!

- くるくるこいのぼり
- けん玉ふうスナッピー
- 水あそびスナッピー 
- ハッピーシャワー

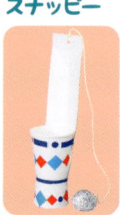

P.55 クラスのみんなで遊ぼう!

- 投げ合い玉入れ合戦 
- ボールをどうぞ!
- 水運びリレー
- すくってひろって

あそび一覧-10

3・4・5 歳児②

1つのおもちゃで16通りのあそび

スポンジ ころころ
P.56〜59

主な素材
スポンジ ペーパー芯

お花みたいで見た目もかわいい♪

P.56 基本形で遊ぼう！

- くるくるくるり〜ん

- 棒さしころころ

- くるくるスタンプ

- でこぼこ双眼鏡

P.57 アレンジして遊ぼう！

- ぐにゃぐにゃコロコロ
- 回転コロコロ
- ぼこぼこブレスレット
- コロコロライオン

P.58 季節・行事にピッタリ！

- メモスタンド
- スポンジきらりん
- スポンジ金棒
- スポンジケーキ

P.59 みんなで遊ぼう！

- なかまあつめ
- スポンジホッケー
- コロコロシュートゲーム
- スポンジタワー

3・4・5歳児③

あそび一覧-11

1つのおもちゃで16通りのあそび

カタカタっぷ

P.60〜63

主な素材
紙コップ
ホース

動く紙コップに子どもたちも大喜び♪

P.60 基本形で遊ぼう！

- かさこそカタカタ

- ビックリ人形

- 着せ替え人形

- おさかなピチピチ

P.61 アレンジして遊ぼう！

- びっくりボール
- カタカタカブトムシ
- ブルブルうちゅうじん
- ようかいボー

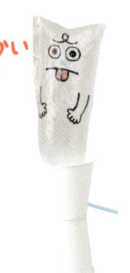

P.62 季節・行事にピッタリ！

- 巻き取りのマキマキ 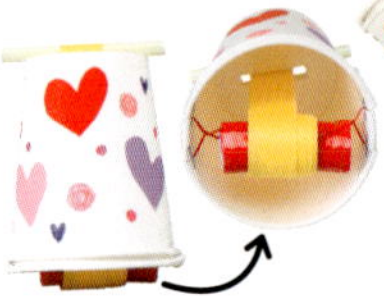
- 長さくらべ 
- ひっぱりアニメ 
- しっぽつかみ

P.63 動力チェンジ研究室

- カタカタパワーアップ！ 
- ぜんまい仕掛けふうカタカタっぷ
- カタカタ選手権
- カタカタピットイン

あそび一覧-12

3・4・5歳児④

1つのおもちゃで16通りのあそび

コパック

P.64〜67

主な素材
紙コップ

転がし方いろいろ！試してみよう♪

P.64 基本形で遊ぼう！

- コロコロコパック
- フーフーコパック 
- スロープコパック すすめ〜!!
- つみつみコパック

P.65 アレンジして遊ぼう！

- いろいろコパック 
- たまご型コパック
- コパックホッケー
- おもりんコパック
- スロープでジグザグ

P.66 季節・行事にピッタリ！

- コパックこいのぼり
- コパックふうりん
- コパックオーナメント
- うぉっ？！チッ！
- すみれ

P.67 友達とレースをしよう！

- スロープレース よーいドン！
- カスタマイズレース ビーだまいっぱいつけたよ／まけないぞー
- テーブルレース がんばれ／こっちこっち

あそび一覧−13

3・4・5歳児⑤

1つのおもちゃで16通りのあそび

ストローロケット
P.68〜71

主な素材
ストロー

かんたんなのに、しっかり飛ぶよ！

P.68 基本形で遊ぼう！

- 飛ばしてビューン！

- フープにゴー！

- 飛ばしっこ競争

- おかえり〜！

P.69 アレンジして遊ぼう！

- アレンジロケット研究所
- まとあてゲーム
- おもかるロケット
- マイロケット！

P.70 季節・行事にピッタリ！

- パック式発射台
- くうきほう式発射台
- パチンコ式発射台
- ペットボトル式発射台

P.71 基本形でロケットゲーム！

- ロケットつながりかけっこ
- ロケットいれいれ合戦
- ロケットつながりリレー
- ロケット陣地入れゲーム

あそび一覧-14

3・4・5 歳児⑥

1つのおもちゃで16通りのあそび

うちわケット

P.72〜75

主な素材
**紙皿
ペーパー芯**

うちわやラケット、的など、使い道いろいろ♪

P.72 基本形で遊ぼう！

- ボールをポ〜ン！

- THE・はこぶ

- 3人組であおいであおいで

P.73 アレンジして遊ぼう！

- 手持ちお面
- うちわケットでポトン
- うちわケットめいろ
- ピ〜ンポ〜ン！
- うちわケットバンバン！

P.74 季節・行事にピッタリ！

- あ・お・ぐ〜
- 水でっぽうで的当て
- 手作りプラネタリウム
- かぶってなげなげ

P.75 レッツ競技！

- うちわケットボウリング

- ボトル砲で的当て

- バルミントン

- なげてヨシ！

あそび一覧-15

3・4・5歳児⑦

1つのおもちゃで16通りのあそび

筒ンガ

p.76〜79

主な素材
紙コップ

紙コップの底同士をはり合わせて完成♪

P.76 基本形で遊ぼう！

- ころころころ

- 転がし棒でころころころ

- あおいでころころころ

- 筒ンガサッカー

P.77 アレンジして遊ぼう！

- 紙コップを大きくして遊ぼう
- ご〜ろりん筒ンガ
- 連結筒ンガ
- いろいろメガネ

P.78 季節・行事にピッタリ！

- くるくるフラワー
- タコ釣り名人
- 水車であそぼう
- 穴あきころころ

P.79 音を楽しもう！

- ダブルマラカス
- ミニメガホンを作ろう！
- 筒ンガタイコ
- パンパン鉄砲

あそび一覧-16

3・4・5 歳児⑧

1つのおもちゃで16通りのあそび

タツンダ

P.80〜83

主な素材 ペーパー芯

ペーパー芯の口をすぼめるだけででき上がり！

P.80 基本形で遊ぼう！

- タツンダころころ

- タツンダタワー

- タツンダボウリング

- タツンダスコープ

P.81 アレンジして遊ぼう！

- タツンダロケット
- とびだす!!タツンダちゃん人形
- でるでるタツンダ！
- お話指にんぎょう

P.82 季節・行事にピッタリ！

- タツンダ玉
- タツンダおばけ
- ぐるぐるタツンダゴマ 
- タツンダフラワー

P.83 勝負！

- ボールタツンダはこび
- タツミントン
- 鬼さんぴょーん！
- ボールのせのせ

17

本書の見方

目安の対象年齢は0・1・2と3・4・5歳児に分かれています。

基本形のおもちゃの作り方です。

P.86〜87では、「おもちゃ作りスキルアップ術」を伝授！おもちゃを作る前に目を通してみよう！

おもちゃの主な素材です。今、持っている素材から作ってみましょう。

基本形で遊ぼう！
まずは作ったおもちゃで遊んでみよう。

アレンジして遊ぼう！
作ったおもちゃにちょこっとアレンジするだけ！もっと遊んでみよう！

作ったら・・・ とことん遊びつくそう！

4ページで計16通りのあそびを掲載！

フリーテーマ！
おもちゃに合わせて、テーマが変わる！目の前の子どもに合わせて選ぶのもOK！

季節・行事にピッタリ！
季節や行事に合わせて遊んでみよう。

P.84〜85では、おもちゃの役割や遊ぶときのヒントを紹介！おもちゃを通して保育を深めよう！

もくじ ～1つのおもちゃで16通りのあそび～

2～17 …… あそび一覧
18 ……… 本書の見方

0・1・2歳児

20 … シャカシャカころころ
基本形で遊ぼう！
21 …… アレンジして遊ぼう！
22 …… 季節・行事にピッタリ！
23 …… 倒して遊ぼう！
（0・1・2歳児のおもちゃ①）

24 … リングリング
基本形で遊ぼう！
25 …… アレンジして遊ぼう！
26 …… 季節・行事にピッタリ！
27 …… 身近なものをプラスして遊ぼう！
（0・1・2歳児のおもちゃ②）

28 … なんでもボックス
基本形で遊ぼう！
29 …… アレンジして遊ぼう！
30 …… 季節・行事にピッタリ！
31 …… やりとりを楽しもう
（0・1・2歳児のおもちゃ③）

32 … ぱっくボール
基本形で遊ぼう！
33 …… アレンジして遊ぼう！
34 …… 季節・行事にピッタリ！
35 …… いろいろなところに入れてみよう！
（0・1・2歳児のおもちゃ④）

36 … まじかるフェルト
基本形で遊ぼう！
37 …… アレンジして遊ぼう！
38 …… 季節・行事にピッタリ！
39 …… 引っ張って遊ぼう！
（0・1・2歳児のおもちゃ⑤）

40 … おもしろタマゴ
基本形で遊ぼう！
41 …… アレンジして遊ぼう！
42 …… 季節・行事にピッタリ！
43 …… 指先の感覚と聴覚を使って遊ぼう！
（0・1・2歳児のおもちゃ⑥）

44 … ぱっくんカード
基本形で遊ぼう！
45 …… アレンジして遊ぼう！
46 …… 季節・行事にピッタリ！
47 …… 指先を使って遊ぼう！
（0・1・2歳児のおもちゃ⑦）

48 … フリフリぽんぽん
基本形で遊ぼう！
49 …… アレンジして遊ぼう！
50 …… 季節・行事にピッタリ！
51 …… 引っ張って遊ぼう！
（0・1・2歳児のおもちゃ⑧）

3・4・5歳児

52 … スナッピー
基本形で遊ぼう！
53 …… アレンジして遊ぼう！
54 …… 季節・行事にピッタリ！
55 …… クラスのみんなで遊ぼう！
（3・4・5歳児のおもちゃ①）

56 … スポンジころころ
基本形で遊ぼう！
57 …… アレンジして遊ぼう！
58 …… 季節・行事にピッタリ！
59 …… みんなで遊ぼう！
（3・4・5歳児のおもちゃ②）

60 … カタカタっぷ
基本形で遊ぼう！
61 …… アレンジして遊ぼう！
62 …… 季節・行事にピッタリ！
63 …… 動力チェンジ研究室
（3・4・5歳児のおもちゃ③）

64 … コパック
基本形で遊ぼう！
65 …… アレンジして遊ぼう！
66 …… 季節・行事にピッタリ！
67 …… 友達とレースをしよう！
（3・4・5歳児のおもちゃ④）

68 … ストローロケット
基本形で遊ぼう！
69 …… アレンジして遊ぼう！
70 …… 季節・行事にピッタリ！
71 …… 基本形でロケットゲーム！
（3・4・5歳児のおもちゃ⑤）

72 … うちわケット
基本形で遊ぼう！
73 …… アレンジして遊ぼう！
74 …… 季節・行事にピッタリ！
75 …… レッツ競技！
（3・4・5歳児のおもちゃ⑥）

76 … 筒ンガ
基本形で遊ぼう！
77 …… アレンジして遊ぼう！
78 …… 季節・行事にピッタリ！
79 …… 音を楽しもう！
（3・4・5歳児のおもちゃ⑦）

80 … タツンダ
基本形で遊ぼう！
81 …… アレンジして遊ぼう！
82 …… 季節・行事にピッタリ！
83 …… 勝負！
（3・4・5歳児のおもちゃ⑧）

保育力アップ！講座

84 …… ①子どもにとってのおもちゃって何？
85 …… ②おもちゃで遊ぶときの6つのヒント
86 …… ③保育者なら知っておきたい！
おもちゃ作りスキルアップ術

0・1・2歳児①
主な素材：ペーパー芯

シャカシャカころころ

作り方

用意するもの　ペーパー芯　牛乳パック　ビー玉×2　ハサミ　ペットボトルのキャップ×4　ビニールテープ

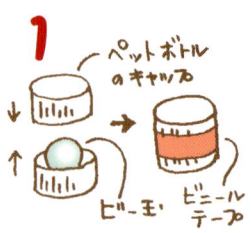

1 ペットボトルのキャップにビー玉を入れ、もう1個をかぶせてビニールテープで巻く。これを2個作る。

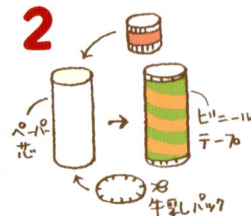

2 1をペーパー芯に入れ、牛乳パックで作ったふたを両端にかぶせてビニールテープで留める。全体もビニールテープで巻く。

基本形で遊ぼう！

2種類の音を楽しめる！
シャカシャカ・マラカス

「おとがする!!」

握って、縦に振るとシャカシャカ、横に振るとコロコロと音が出るよ。

転がすのが楽しい！
コロコロ…コロン！

遊び方

コロコロ〜

床に転がすと、中のビー玉が揺れるので不思議な動きになるよ。

とにかく並べよう！
ならべる

遊び方

そ〜っと

立てたり寝かせたりつないだりして並べてみよう。

朝の体操にも使える！
ころころ体操

遊び方

フリフリ♪
シャカシャカ♪

ころころを両手に持って好きな動きをしてみよう。

アレンジして遊ぼう！

だれが出てくるかな？
どうぶついないいないばぁ！

用意するもの	コピー用紙　フェルトペンなど　両面テープ

作り方

❶ 動物の顔の半分を描いたコピー用紙を1本のころころに巻いてはる。

❷ 対称になる動物の顔をもう1本のころころに同様にはる。

遊び方

2本のころころを合わせたり、回転させたりして「いないいないばぁ！」と言いながら遊ぼう。

スタンプに変身！
ペッタンペッタン

用意するもの	スポンジ　絵の具　ハサミ　木工用接着剤や両面テープ

作り方

スポンジを薄く切り、ころころの片側に硬いほうを木工用接着剤や両面テープではり付ける。

遊び方

絵の具をスポンジに付けてスタンプあそびをしてみよう。

数と食べ物の興味づけに！
これな〜んだ？！

用意するもの	画用紙　フェルトペンなど　両面テープ

作り方

①ーリンゴ　②ーバナナ　③ートマト　④ーレモン　⑤ーイチゴ の数字とイラストを描いた画用紙をころころの上下にはり付ける。

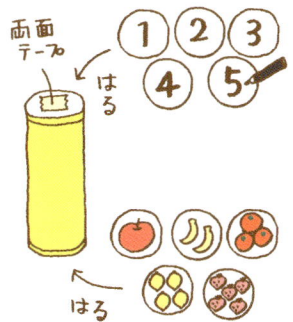

遊び方

「これな〜んだ？！」「リンゴ！」「いくつあるの？」「ひとつ」など、保育者と子どもがやりとりをして遊ぼう。

手作りアイテムを取り入れよう！
ままごとグッズ

用意するもの	画用紙　フェルトペンなど　両面テープ　ほ乳瓶の乳首　小さめのうちわ　ハサミ　ビニールテープ

作り方

A 調味料入れ

上部に黒い点を描いた画用紙をはる。

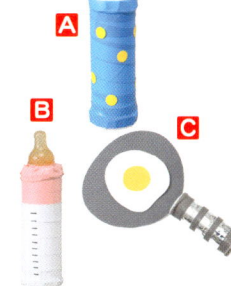

B ほ乳瓶

ほ乳瓶の乳首にビニールテープを巻き、切れ目を入れてはり合わせる。お人形用のほ乳瓶に見たてよう。目盛りを書いてもよい。

C フライパン

小さめのうちわの持ち手にころころをはり付けてフライパンに見たてる。
※色画用紙をはってもOK！

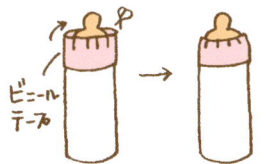
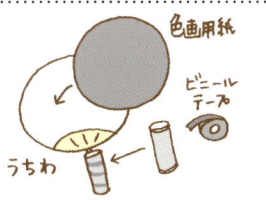

季節・行事にピッタリ!

保育室環境にもなる
チュンチュンとりさん
5月 愛鳥週間

| 用意するもの | 色画用紙　たこ糸　ハサミ　両面テープ　ビニールテープ |

作り方
1. ころころを横にしてくちばし、羽、しっぽ、目玉などを付ける。

2. 背中になる部分（中心）にたこ糸を付けてつるす。

遊び方
中のキャップがしっぽのほうにあるとき、鳥は上を向いて飛び、キャップがくちばしのほうにあるとき、降下して飛ぶように見えるよ。保育室に飾って遊んでみよう。 
※子どもの手の届く位置でもおもしろいよ。

ユニークな動きが楽しい!
でんでんころころ
6月 梅雨期

| 用意するもの | 色画用紙　両面テープ　クレヨンや絵の具など　フェルトペン　踏切板など |

作り方
1. ころころの上下面に渦巻きを描いて付け、殻に見立てる。

2. カタツムリの胴体部分（子どもがなぐり描き、絵の具で指スタンプをしたもの）や角を色画用紙で作りはりつける。

遊び方

「ころがった!!」
踏切板などで坂道を作り、転がして遊んでみよう。

フレー! フレー!
応援グッズ
運動会

| 用意するもの | スズランテープ　ハサミ　ビニールテープ　丸シールなど |

作り方
1. スズランテープで小さめのポンポンを作る。
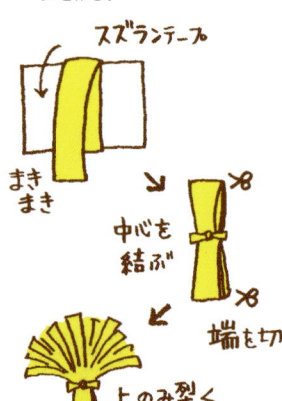
2. ①をころころに付け、丸シールなどで装飾する。
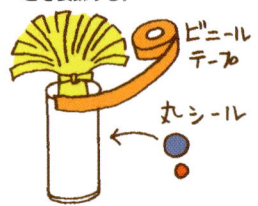

※丸シールがはがれないように透明粘着テープでカバーしてもいいよ。

遊び方
ころころを鳴らして異年齢児を応援してみよう。
※そのほかにも生活発表会のアイテムとして使用してもおもしろいよ。

ぺったん! ぺったん!
もちつきごっこ
12月・1月

| 用意するもの | 割りばし　ビニールテープ　玉入れの玉 |

作り方
1. 端に割りばしをビニールテープで付ける。

2. 割りばしの先にビニールテープを巻いて保護する。

遊び方

「ぺったん! ぺったん!」「カタカタ」
玉入れの玉を用いて、もちつきをして遊ぼう。カタカタと音が鳴るのでもちつきの雰囲気が乳児クラスでも体験できるよ。

0・1・2歳児①
主な素材：ペーパー芯

0・1・2歳児① シャカシャカころころ

倒して遊ぼう！

思わず倒したくなる！
つんでつんで！

遊び方

① ころころをひとつひとつ積み上げていく。重心が下にあるので安定して積み上げやすいよ。

② 積み上がったら倒して遊んでみよう。ビー玉がカタカタ鳴るので、積み木の「どっしん」という音よりも心地良いよ。

ゆっくり、ゆっくり

倒れるかな？　どうかな？
ならべてトントン

| 用意するもの | 段ボール箱やクッション |

遊び方

段ボール箱やクッションなどの上にころころを数本並べて置き、トントンたたいて倒して遊んでみよう。

さぁ、みんなでやってみよう！
コロコロ どっか〜ん！

| 用意するもの | 踏切板など／ゴムボールなど |

遊び方

ころころを数本並べ、踏切板などで作った坂の上からゴムボールを転がして倒して遊んでみよう。

中はどうなっているの？
シュ〜ッ ぽとん！

| 用意するもの | 布の芯（※手芸店などで入手可） |

遊び方

① ころころが入る大きさの布の芯にころころをどんどん入れていく。

② 芯をそっと取り除き、タワーになっているころころを倒してみよう。

リングリング

0・1・2歳児②

主な素材：新聞紙

作り方

用意するもの 新聞紙×2　ビニールテープ

1

2枚重ねの新聞紙を棒状にする。

2

ねじって輪にし、ビニールテープを巻いてでき上がり。

基本形で遊ぼう！

通してみよう
こんなことできるかな？

「できた！」

手に取って反対の手や足に通してみよう。

顔が隠れないから安心！
のぞいてバァ！

「いないいない」「ばぁ！」

リングからのぞいて、「いないいないばぁ！」をして遊んでみよう。

じょうずに転がせるかな？
ころころリング

コロコロ〜

ころころ転がるか、チャレンジ！

運転士になり切ろう
ぶっぶ〜っ！

「ぶっぶーっ！」

リングをハンドルにして、運転士ごっこ！

24

アレンジして遊ぼう！

これなんだろう？
ひっぱってビョ〜ン！

用意するもの 平ゴム

遊び方

リングに平ゴムをくくり付け、壁などに掛ける。
子どもは引っ張って離したときのビョ〜ンという動きに夢中になるよ。

ダイナミックに遊ぼう！
大きくしてみよう！

用意するもの 新聞紙 ビニールテープ

作り方

新聞紙の長い辺を巻いてねじり、輪を作る。体の大きさに応じて、2本つなげてもいいよ。

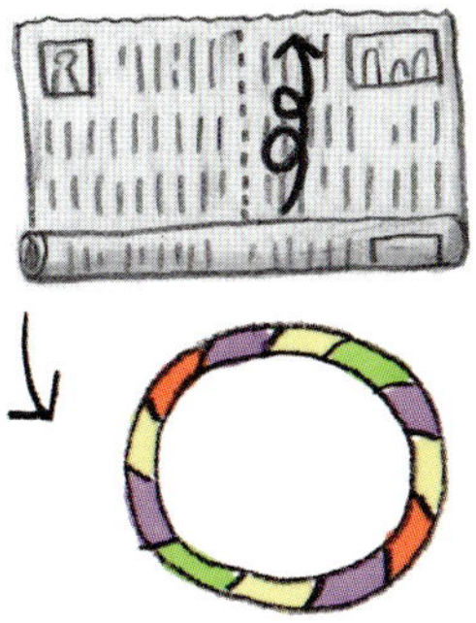

遊び方

電車ごっこ・トンネルくぐり・並べて入ったりして遊んでみよう。

お友達といっしょ
おさんぽヨイショ！

「しゅっぱつするよー！」

用意するもの ひも

遊び方

「おさんぽしてきた！」

2つのリングをひもなどでつなぐ。
友達と片方ずつ持ってお散歩に出かけよう。

オリジナルの鈴だよ
リンリンリング

用意するもの 鈴 輪ゴム

作り方

鈴を輪ゴムに通し、リングに取り付ける。

遊び方

♪リンリン
♪リンリン

自由に鳴らして遊んでみよう。
※楽器あそびをしても楽しいよ。

P.26 季節・行事にピッタリ！　P.27 身近なものをプラスして遊ぼう！ につづく

季節・行事にピッタリ！

くるくるくる〜 ひらひらチョウチョウ 〈春〉

用意するもの　平ゴム　色画用紙　ハサミ　糸

作り方
① 平ゴムをリングの3か所に結んで固定する。

② 色画用紙で切ったチョウチョウに糸を付けて、リングに付ける。

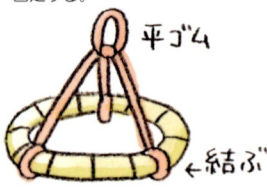

遊び方

ベビーベッド付近につるし、クルクル回して離すとチョウチョウがひらひら〜。

あげるもうれしい！もらうもうれしい！ フォトリング 〈父の日・母の日・敬老の日〉

用意するもの　紙皿　写真　パンチ　モール

作り方
① 紙皿に子どもの写真や2歳児なら自分の顔を描いたものをはる。

② 紙皿の縁に穴を3か所あけ、モールで額縁になるリングといっしょにくくる。

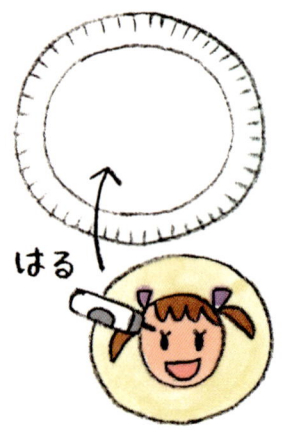

※モールなどでフックを掛ける穴（輪）を作ると飾りやすいよ。

素材感をそのまま使おう リングリングリース 〈12月 クリスマス〉

用意するもの　新聞紙×2　曲がるストロー×3　モール　絵の具　ドングリやマツボックリなど　ビニールテープ　木工用接着剤　セロハンテープ

作り方
① 絵の具で塗った面を表にし、輪にして留める。モールなどで装飾する。

② ストローの曲がる部分を中心に同じ長さに切り、三角形にする。

③ ②にドングリやマツボックリなどを木工用接着剤ではり、モールを通してリングといっしょにくくる。

※モールなどでフックを掛ける穴（輪）を作ると飾りやすいよ。

鬼になりきろう リングリングでお面です 〈2月 節分〉

用意するもの　平ゴム　色画用紙　クレヨンなど　ハサミ　両面テープ　ビニールテープ

作り方

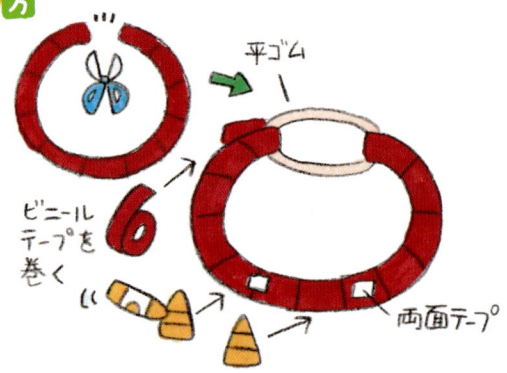

リングを切り離して折り返し、平ゴムを付け、バンドを作る。色画用紙で鬼の角を作り、バンドにはり付ける。

主な素材：新聞紙

0・1・2歳児②

身近なものをプラスして遊ぼう！

のびてのびて
とどくかな？

用意するもの 棒

遊び方

保育者が持っている棒にリングを通すことができるかな？

好きなところに掛けてみて
いろいろリングかけ

用意するもの ペットボトル（500mℓ）　ラップの芯　ビニールテープ

遊び方

ピンの作り方

水を入れたペットボトルにラップの芯を差し込み、ビニールテープで留める。

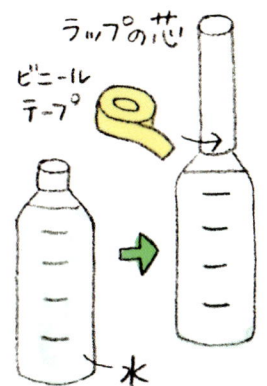

ペットボトルのピンを数本作り、並べる。好きなところに入れて遊ぼう。

繰り返しやってみよう
タオルにのせてドカーン！

用意するもの バスタオル

遊び方

保育者2人が持っているバスタオルにリングを乗せて、「3・2・1」とカウントダウンし、リングを勢いよく飛ばす。子どもはそれを取りに行き、繰り返し遊んでみよう。

ねらってねらって〜
ボールキック！！

用意するもの ボール

遊び方

リングにボールを乗せてサッカーごっこ。転がるボールを止めてシュートしてみよう。

0・1・2歳児③

主な素材：ティッシュケース

なんでもボックス

作り方

| 用意するもの | ティッシュケース　色紙や包装紙　ハサミ　のり　セロハンテープ |

1 ティッシュケースを縦に半分に切る。

2 切り口同士をはめ込んで、セロハンテープで留める。

3 色紙や包装紙で包んで装飾する。
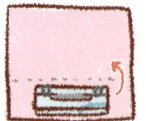

基本形で遊ぼう！

どんどん並べよう！
ならんでならんで

遊び方
並べて遊んでみよう。立てても寝かせたまま並べてもOK！

どれだけ積めるかな？
つみつみボックス

遊び方
横に寝かせた状態のまま積み上げてみよう。

どんどんつなげてどこまでも！
並べて道づくり

プップ〜！

遊び方
ボックスを並べて道を作ってみよう。車の玩具を走らせてもOK！　ボックスを電車やバスに見たててもおもしろいよ。

ん？　何か入ってる？
いろいろねいろ

| 用意するもの | ボックスの中に入れるもの（お手玉やドングリ、鈴など） |

遊び方
それぞれのボックスの中に、お手玉やドングリ、鈴などを入れてみよう。
子どもが振って、何の音かを考える時間をつくることも大切。興味・関心が持てるように準備しよう。

なにかはいってる！
ふりふり

並べて倒して繰り返そう
どんどんどん

遊び方

＼並べて〜／

ど〜ん！

保育者が次々に立てて並べ、子どもは倒していく。保育者が並べる間の待ち時間も子どもにとっては大切。もちろん子どももいっしょに並べてもOK！

0・1・2歳児③ なんでもボックス

アレンジして遊ぼう！

まるでモンタージュ！
にこにこエーン

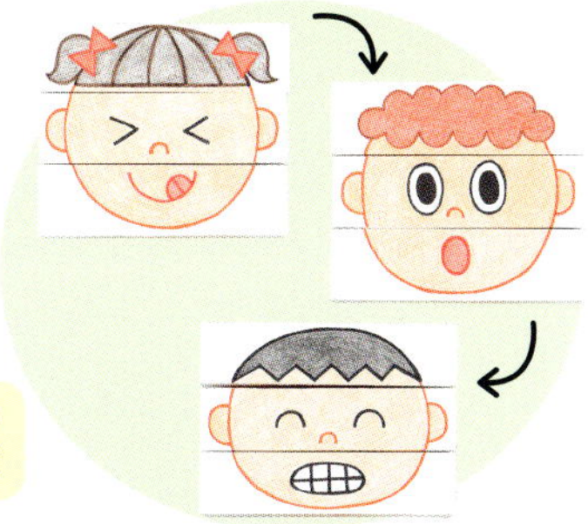

| 用意するもの | コピー用紙　のり　フェルトペンなど |

作り方
3個のボックスにそれぞれ髪型、目元、口元を4種類ずつ描いたコピー用紙をはる。

遊び方

いろいろ組み合わせてみよう。どんな顔になるかな？

よいしょ、よいしょ！
スイスイリフト

| 用意するもの | ペーパー芯　ハサミ　スズランテープ　両面テープ |

作り方
ボックスの上部に長さを合わせたペーパー芯を両面テープではり付ける。

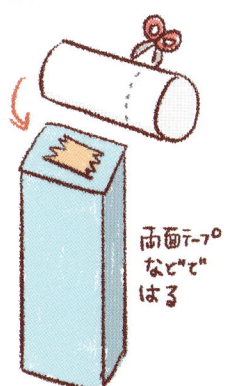

遊び方

保育者2人がペーパー芯を通したスズランテープの両端を持ち、子どもがボックスを持って移動して遊ぶ。
※スズランテープは少し傾斜をつけるといい。

あれ？どこにいったの？
ぽと～ん！ぽとっ！

| 用意するもの | ペットボトルのキャップ×2　ビニールテープ　ハサミ　アズキや乾燥コーンなど×5粒 |

作り方

❶ ボックスの端にペットボトルのキャップが入る大きさの穴をあける。

❷ 裏の対角には、キャップを出しやすい大きさの穴をあける。

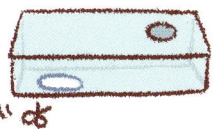

❸ ペットボトルのキャップにアズキや乾燥コーンなどを5粒程度入れ、もう1個でふたをしてビニールテープで留める。

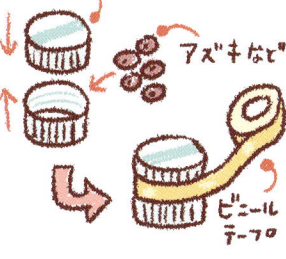

遊び方
キャップを❶の穴に入れて❷の穴から出してみよう。繰り返して遊ぼう。振って音を楽しみながらでもOK！

すぽっ！すぽっ！
サシコミーノ

| 用意するもの | ペーパー芯×4　ハサミ |

作り方

❶ ペーパー芯をそれぞれ違う長さに切る。色紙で装飾してもOK！

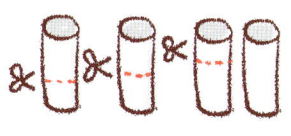

❷ ペーパー芯の太さに合わせて、ボックスに穴を4つあける。

遊び方

長いものから、短いものからなど差し込む順番は自由。差し込む動きと抜く動きを促すように遊んでみよう。

P.30 季節・行事にピッタリ！　P.31 やりとりを楽しもう　につづく→

29

季節・行事にピッタリ！

0・1・2歳児③
主な素材：ティッシュケース

虫歯さんばいば～い！
パクパクワニさん
🏷️ 6月 歯と口の健康週間

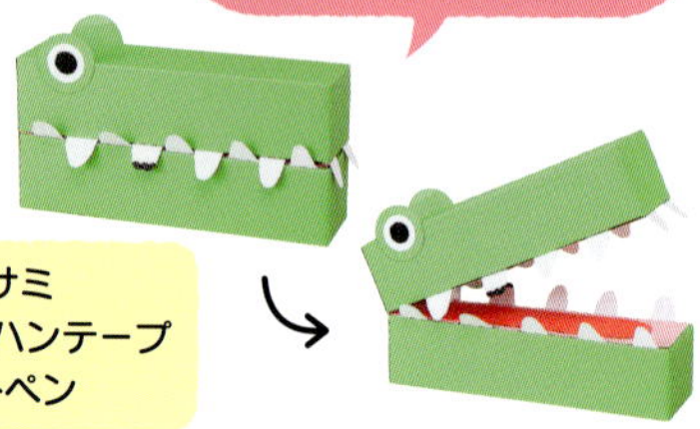

用意するもの：色画用紙　ハサミ　画用紙　セロハンテープ　のり　フェルトペン

作り方
ボックスの端の内側と外側をセロハンテープで留め、色画用紙などで各パーツを作り、はってでき上がり。

遊び方
本物の歯ブラシで子どもとワニの歯をみがいて遊ぼう。 

じょうずにできるかな？
お月見モンタージュ
🏷️ 9月 十五夜

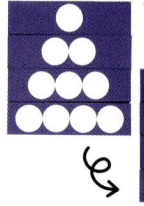

用意するもの：色画用紙　ハサミ　のり　画用紙

作り方
❶ 4個のボックスの4面に夜空を連想できる色画用紙で巻いてはる。

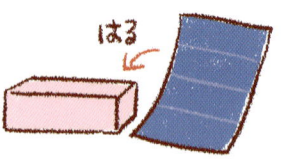

❷ 丸く切った色画用紙を月に見立てて4等分し、ボックスの正面にはる。

❸ 丸く切った画用紙を月見団子に見たてて❷とは反対側の各面にはっていく。

遊び方
月と団子の2パターンで組み合わせて遊んでみよう。

いい音するね～！
カチカチボックス
🏷️ 発表会

用意するもの：ビニールテープ　セロハンテープ　ペットボトルのキャップ×2

作り方
❶ 2個のボックスの上部分にペットボトルのキャップを付ける。

❷ キャップを付けた面を内側にして、図のようにセロハンテープで留める。

遊び方

開いたり閉じたりして音を鳴らしてみよう。

ならべてかざろう♪
ちんとんびな
🏷️ 3月 ひな祭り

用意するもの：ペーパー芯×4　色紙　ハサミ　のり　フェルトペン

作り方
❶ ペーパー芯の太さに合わせて、ボックスに穴を4つあける。

❷ ペーパー芯に色紙などでおだいりさま・おひなさまとぼんぼりを作る。

遊び方

「おひなさまはどこに座るのかな？」など、位置を確かめながら遊んでみよう。
※地域によって並び方は異なります。

0・1・2歳児 ③ なんでもボックス

やりとりを楽しもう

「〇〇ちゃ～ん!」「は～い!」
もしもし

遊び方
子ども同士または保育者とお話をして遊ぼう。名前を呼んで、お返事ができるだけでも楽しいね。
※本物の電話のように装飾しても楽しいよ。

「はいどうぞ」「ありがとう」
プレゼントボックス

用意するもの 包装紙　リボン

遊び方

包装紙とリボンできれいに包んだボックスをプレゼントして、かんたんな言葉のやりとりでコミュニケーションを取ってみよう。
※紙袋に入れていき、お買い物ごっこをしてもおもしろいね。

ひっつくの楽しいね!
ひっつきベリー

用意するもの マジックテープ　両面テープ

作り方

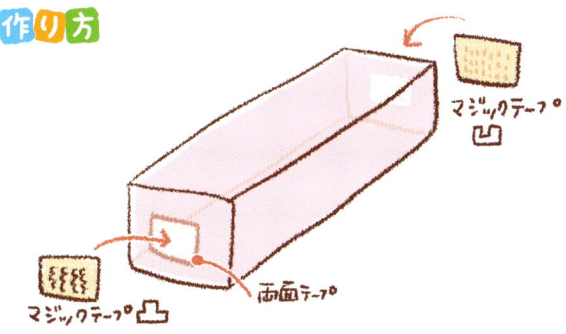

ボックスの両端にマジックテープを付ける。

遊び方

友達とボックスをひっ付けて遊んでみよう。
ひっ付く面とひっ付かない面があるのに気づけるかな?

31

0・1・2歳児 ④

主な素材：牛乳パック

ぱっくボール

作り方

用意するもの　牛乳パック　ハサミ　パンチ　ホッチキス　ビニールテープ

1 牛乳パックの口と底を切り落とし、残りの部分を8等分に輪切りする。

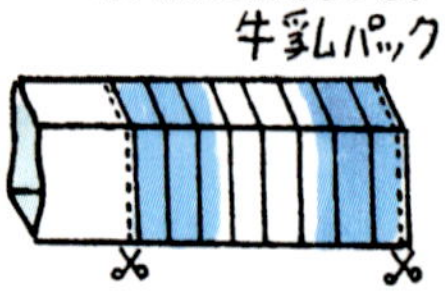

2 1のうち5本を裏返しにし、4本は重ね、パンチで穴をあける。

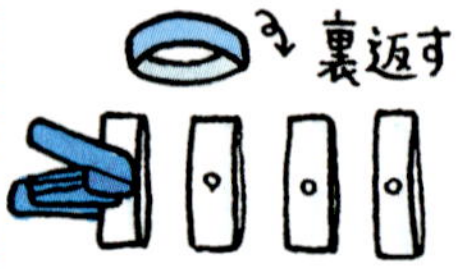

3 2であけた穴に合わせて十字にはめ、ホッチキスで留める。その周りに穴のあいていないものをはめてホッチキスで留める。中からホッチキスをビニールテープでカバーする。

4 残りの2本も斜めに、斜めにはめて、3と同様にホッチキスで留め、ビニールテープでカバーする。

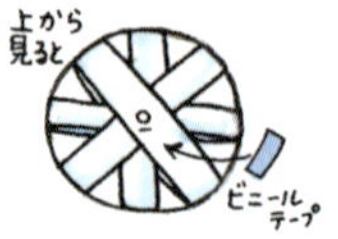

5 ビニールテープで装飾する。

基本形で遊ぼう！

ことばのやりとりを楽しもう！
つかんではーい！

遊び方

ボールをつかんで保育者に渡そう。繰り返し遊んでみよう。

じょうずに転がせるかな？
ボールコロコロ

遊び方

転がして遊んでみよう。

うまく取れるかな？
ボールキャッチ

遊び方

座っている子どもの足と足の間に向けて転がし、キャッチしよう。

さぁ、投げてみよう！
ボールぽ〜い

遊び方

遠くに投げてみよう。

32

0・1・2歳児④ ぱっくボール

アレンジして遊ぼう!

転がり方がおもしろい! デコボコボール

| 用意するもの | コーヒーフレッシュの容器やミニカップ(ひと口ゼリーの容器)など×4
木工用接着剤やセロハンテープ |

作り方

遊び方

「へんなうごき〜!」

コーヒーフレッシュの容器やミニカップをボールの4か所に付ける。

転がしてみよう。

何の音!? チリリンボール

| 用意するもの | 大きめの鈴 |

作り方

遊び方

「おとがなる!」

ボールのすき間から大きめの鈴を入れる。

転がしてみよう。

なんだこれ? ボールぴょ〜ん

| 用意するもの | 平ゴム |

遊び方

ボールに平ゴムを結び付けて壁などにつるす。つかまり立ちや寝ている子どもでもつかんでは離して遊んでみよう。

夢中で手を伸ばしちゃう! くるくるボール

| 用意するもの | 針金ハンガー たこ糸
ホースやループエンド
細めのストロー ハサミ
ビニールテープ |

作り方

❶ ボールの穴にストローを通し、両端に入れた切り込みを広げてビニールテープで留める。

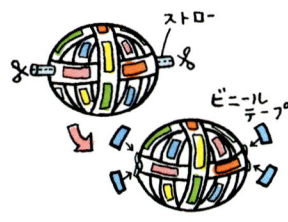

❷ ストローの穴にたこ糸を通し、ボールの両端に細く輪切りにしたホースを結ぶ。ループエンドを通してもOK!

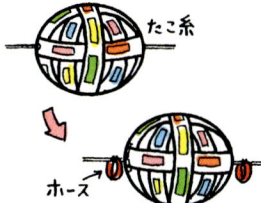

❸ 針金ハンガーの中心を折り、❷をくくり付ける。

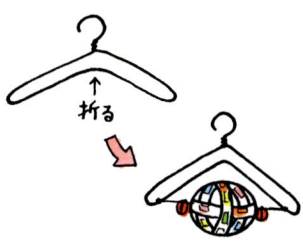

遊び方

手で簡単に回せるよ。

P.34 季節 行事にピッタリ! P.35 いろいろなところに入れてみよう! につづく→

季節・行事にピッタリ！

0・1・2歳児 ④
主な素材：牛乳パック

どんな服にしようかな？
お着替えテントウムシくん　春

用意するもの　色紙　のり　色画用紙　モール　丸シール（黒）　ハサミ　セロハンテープ

作り方

① ボールの片面をへこませて、色紙で包んで中で留める。

↑中に押し込む

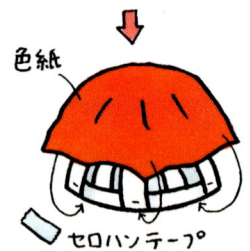
色紙／セロハンテープ

② 色画用紙やモールや丸シールで足や顔、触角などを付ける。

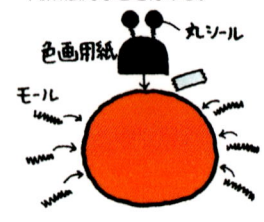
色画用紙／丸シール／モール

③ 丸シールでテントウムシの模様をはっていく。

丸シール

ぷっか～ん…
ぷかぷかボール　夏

用意するもの　ビニール袋　ハサミ　ビニールテープ

作り方

ボールをビニール袋に入れ、下部分をねじってビニールテープでしっかり留めて切る。

ビニールテープ

遊び方

プールなどに浮かべて遊んでみよう。

これさえあればすぐよい天気！
てるてるボール　6月 梅雨

用意するもの　ビニール袋（半透明）　ビニールテープ　色画用紙　両面テープ

作り方

① ボールをビニール袋に入れ、下部分をねじってビニールテープで留める。

ビニール袋をかぶせる／ビニールテープ

② 色画用紙などで顔のパーツを作り、はってでき上がり。

色画用紙

ゆらゆらこけない！
♪起き上がりサンタクロース　12月 クリスマス

用意するもの　ミニカップ（ひと口ゼリーの容器）　ペーパー芯　油粘土　色紙　布粘着テープ　セロハンテープ　色画用紙　のり　ハサミ

作り方

① 底になる部分に、油粘土をミニカップに入れたおもりを輪にした布粘着テープで中にはり付ける。

ミニカップ／油粘土／輪にした布粘着テープ

② 短く輪に切ったペーパー芯を三角形に折り、ボールの上部分にはり付ける。その上にサンタの顔をはる。

サンタの顔／ペーパー芯／横

③ 色紙を図のように折り、服とひげに見たててボールにはる。

セロハンテープ

いろいろなところに入れてみよう!

あれ? ここから出てきた!
マジカルボックス

用意するもの　段ボール箱　ハサミ

遊び方

段ボール箱にボールを入れると、下から出てくるよ。繰り返し遊んでみよう。

箱の作り方

段ボール箱に穴をあける。

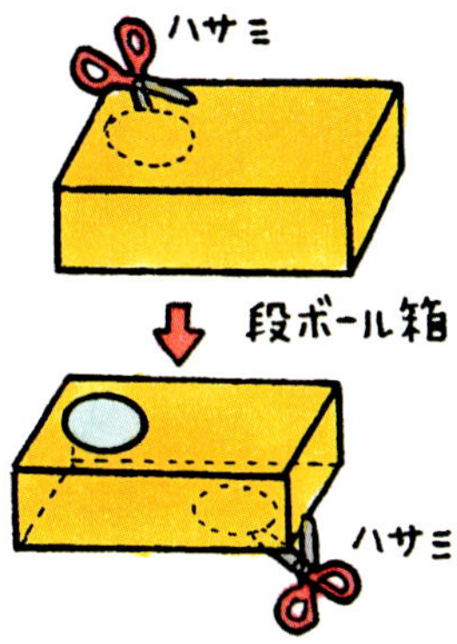

※0歳児は上の面がなくてもOK! 年齢に応じて、穴の大きさを変えてみよう。

ポイポイ ころころ
パックンころころ

用意するもの　マット　フープ　大型積み木

遊び方

フープにマットを通して作ったトンネルに大型積み木で傾斜をつける。トンネルの中に入れて転がしてみよう。

ちゃんと持ってね!
ころころおっとっと

用意するもの　ティッシュケース　ホッチキス　ビニールテープ　ハサミ　セロハンテープ

遊び方

箱にボールを入れて左右に転がしてみよう。

箱の作り方

❶ ティッシュケースの上部分に4か所の切り込みを入れて内側に折り畳み、ホッチキスで留める。

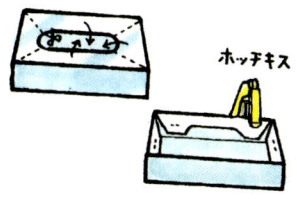

❷ 外側をビニールテープなどで装飾し、ホッチキス部分をセロハンテープでカバーする。

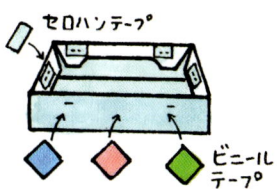

集めるの楽しい!
お買い物ごっこ

用意するもの　紙袋　お手玉やぬいぐるみなど

遊び方

ボールやお手玉、ぬいぐるみなどを並べて置いておき、紙袋に入れていこう。

まじかるフェルト

0・1・2歳児⑤ 主な素材 フェルト

作り方

用意するもの　フェルト　接着剤　ハサミ

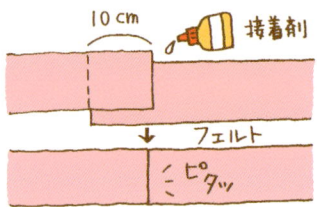

フェルト60cm×12cm幅に2本切り、約10cmを重ねて接着剤でピッタリつなげる。

基本形で遊ぼう！

指先を使って巻いてみよう！
まきまきフェルト

遊び方

まきまき

端から両手を使って巻いていこう。

わぁ～すすめー！
ズリズリコースター

出発しまーす！

遊び方

そーーっと

フェルトの端を結ぶ。結び目の上を子どもが持ち、腹ばいになってそっと引っ張ってみよう。

じょうずに渡れるかな？
一本橋わたろう

遊び方

トコトコ

フェルトを橋に見たてて、その上を渡ろう。
※床の上では滑りやすくなるので、じゅうたんやマットの上で遊ぼう。

これは、だれのしっぽ？
しっぽあそび

遊び方

まて～！

半分に折ったフェルトをズボンに挟み、友達のを取ったり、取られたり、動物に変身したりして遊んでみよう。

ギュッ ギュッ ギュ～ッ！
にぎにぎあそび

遊び方

にぎにぎ

結び目を4か所ぐらい作り、結んだところ、そうでないところを握って感触を味わってみよう。

0・1・2歳児 ⑤ **まじかるフェルト**

アレンジして遊ぼう！

指先を使おう！
ボタンつけ

用意するもの　大きめのボタン　ハサミ　フェルト　針　糸

作り方

❶ フェルトにボタンを縫い付ける。数は子どもに合わせよう。

ボタン

❷ 別のフェルトにボタンをはめる切れ目を入れておく。
※いろいろな形にすると、興味・関心度UP！

半分に折る

遊び方

じょうずにとおせるよ！

ボタンを切れ目にじょうずにはめられるかな？

おててのばして！
ゴロゴロタッチ

用意するもの　ハサミ　鈴　糸　ひも

作り方

❶ フェルトに三角形、四角形、丸などの形を切り抜いて明かりが入るようにする。

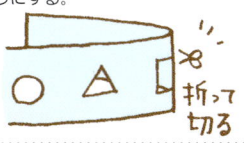

折って切る

❷ 切り抜いた形と形の間に鈴をぶら下げる。

糸　鈴

遊び方

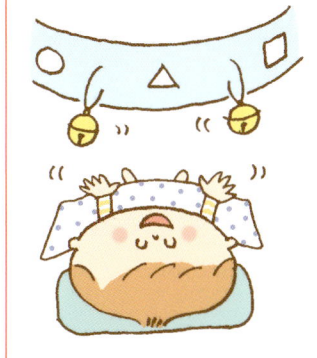

保育者が両端を持ち、子どもが寝ながら手を伸ばしたりするよ。

ぺたぺたはり付けよう
コットンあそび

用意するもの　脱脂綿（シート状）　ハサミ

遊び方

ペタッ

フェルトを壁などにはる。丸、三角形、四角形などに切った脱脂綿をフェルトにはってみよう。

かんたんクイズ遊び
ここにあったものな〜んだ？

用意するもの　画用紙　木工用接着剤　フェルトペンなど

作り方

フェルトの表に果物、裏に動物を描いた画用紙をはり付ける。

遊び方

よく見てて！
くるっ
ここにあったものなーんだ？
ウサギちゃん！

半分に折ったフェルトを子どもに見せ、保育者が一回転しているうちに絵のひとつを隠す。隠したところには何があったのか子どもたちに当ててもらおう。
※半分に折って使うので、4パターンで遊べるよ。

P.38 季節・行事にピッタリ！　P.39 引っ張って遊ぼう！　につづく　37

季節・行事にピッタリ！

まだ出るの！？ シャワーちゃー！

夏

用意するもの
キッチンペーパーの芯
紙コップ　ハサミ
透明テープ

遊び方
ひっぱれ〜！

シャワーにフェルトを通し、引っ張ってみよう。

シャワーの作り方
キッチンペーパーの芯と紙コップがつながるように切って、透明テープで固定する。装飾してもOK！

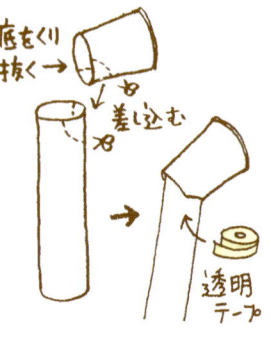

底をくり抜く→
差し込む
透明テープ

ズーリズーリ スキーごっこ

冬

用意するもの
荷造り用のひも　針　糸

作り方
フェルトの片端を折り、輪にした持ち手になる荷造り用のひもを挟んで縫う。

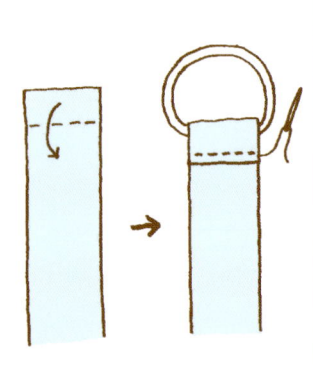

遊び方
ズリズリ

足を乗せ、持ち手を引いて、スキーごっこをしよう。

目ざせ1番！ ヨーイ！ ドン！！

運動会

遊び方
がんばれ〜！
もうちょっとよ！

フェルトをゴールテープに見たててかけっこをしてみよう。

大きくなったかな？ 手作り身長計

誕生会

用意するもの
フェルトペン　ハサミ
木工用接着剤
メジャー　ボール紙

作り方
❶ フェルトに目盛りを書き込む。(10cmきざみくらいでOK！)

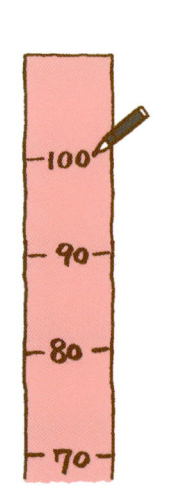

❷ 絵などを描いたボール紙をはってでき上がり。誕生児の身長を測って書き込んでもOK！

ボール紙

0・1・2歳児⑤

主な素材
フェルト

38

0・1・2歳児 ⑤ **まじかるフェルト**

引っ張って遊ぼう！

よし とれた！
ひっぱってボヨヨン！

用意するもの ひも　洗濯バサミ

遊び方
保育室にひもを張って、フェルトをさまざまに掛け、洗濯バサミで留める。引っ張って取ってみよう。

そ〜っと そ〜っと
はこんではこんで

用意するもの ペットボトル（2ℓ）

遊び方
水を入れたペットボトルをフェルトの上に乗せて運んでみよう！
※ペットボトルは転がらないように、角のあるものにしよう。
　中に色水を入れてもOK！

よいしょ よいしょ

ズリズリ

もうちょっと！

よいしょ よいしょ ひっぱって！
ひっぱれボックス

用意するもの からのティッシュケース　ハサミ

遊び方
からのティッシュケースの底に切り込みを入れておく。フェルトを切り込みから入れて先を少し出し、子どもが指先を使って引っ張ってみよう。

よいしょ よいしょ

やったー！

39

おもしろタマゴ

0・1・2歳児 ⑥

主な素材：ミニカップ

作り方

用意するもの ミニカップ(ひとロゼリーの容器)×2　ビー玉　セロハンテープ　ホッチキス　ハサミ

1 ミニカップのふたを開ける部分を切り落とす(2個とも)。

2 ミニカップにビー玉1〜2個を入れてもう1個でふたする。ホッチキスなどで留めてセロハンテープで全体を巻く。

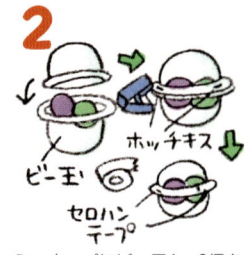

基本形で遊ぼう！

フラフラコロコロ〜
ゆびさきタッチ

遊び方 タマゴを机の上に置いて、指先で転がそう。

どんな音？
ふりふりタマゴ

遊び方 タマゴを振ってみよう。

どんな順番に入るかな？
おやすみタマゴ

用意するもの タマゴパック

遊び方 タマゴパックをベッドに見たてて、入れて遊んでみよう。

たまごがコロコロ〜！
スロープころころ

用意するもの 牛乳パック×3　ハサミ　ビニールテープ　積み木

遊び方 積み木を使って、スロープに傾斜をつけてタマゴを転がすと、どんどん進んでいくよ。子どもに転がっているようすが見えるようにしよう。
※大玉ビー玉を入れるとよく転がるよ。

スロープの作り方

❶ 牛乳パックの口と底を切り落とし、一面を切り離す。(1本は底を残す)

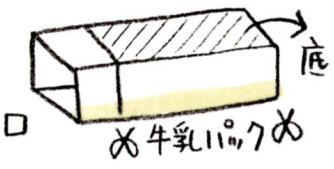

❷ 切り落とした口を輪切りにし、牛乳パックに通してビニールテープで固定する。

❸ 牛乳パックの底を一番下にしてビニールテープでつなげる。

0・1・2歳児⑥ おもしろタマゴ

アレンジして遊ぼう!

なんのタマゴ?
タマゴのキミかえかえ

遊び方

あれ？なんのおと？
カチャカチャ

キューブ状に切ったスポンジや乾燥コーン、アズキ、ダイズ、刻んだストロー、輪切りのホース、綿棒の太い部分、丸めたアルミホイル、チップ状にしたトレイなどに中身を変えてみよう。

何が出るかな?
ひみつボックス

用意するもの：空き箱　ハサミ　流し用菊割れゴム

遊び方

がさがさ
たまご!

穴をあけて流し用菊割れゴムをはめ込んだ空き箱にタマゴを入れる。手を入れて、タマゴを取り出してみよう。

だれのタマゴ!?
タマゴのサイズかえかえ

遊び方

きょうりゅうのたまご
ちっちゃいたまごだよ!

コーヒーフレッシュの容器、ヨーグルトカップ、プリンカップなどにして遊んでみよう。

並べてみよう
タマゴのおうち

用意するもの：ティッシュケース　ハサミ　色画用紙

遊び方

おかえり～

タマゴがはまるように穴をあけたティッシュケースに、タマゴをはめていこう。
※大きさや形の違うミニカップを使ってもおもしろいよ。

P.42 季節 行事にピッタリ!　P.43 指先の感覚と聴覚を使って遊ぼう! につづく

41

季節・行事にピッタリ！

レッツ ダンシング！
ハンディーマラカス

夏祭り

用意するもの	牛乳パック　セロハンテープ　ビニールテープ　ハサミ

作り方

1. 牛乳パック2面に上から切り込みを入れて丸を切る。タマゴを内側から入れて挟み、切り込みを閉じる。
2. スコップのような形になるように、穴と反対側から半分に折っていき、ビニールテープを巻く。

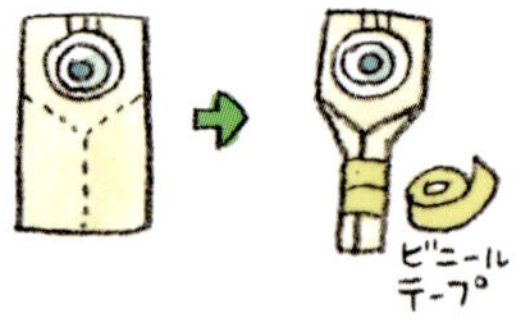

遊び方

カチャ♪カチャ♪

マラカスのように振って遊んでみよう。
※夏祭り以外にも、運動会の応援やダンス、クリスマス会、発表会にも使えるよ。中身を変えて音色もチェンジできるよ。

浮くかな？　沈むかな？
浮き浮きタマゴ

夏

用意するもの	P.41『タマゴのキミ かえかえ』で作ったタマゴ

遊び方

ういたっ！

P.41『タマゴのキミ かえかえ』で作ったタマゴを水に浮かべて遊んでみよう。どのタマゴが浮くかな？

おもしろタマゴのオーナメント
タマゴリース

12月 クリスマス

用意するもの	ボール紙（緑）　ハサミ　のり　色画用紙やモールなど

作り方

1. リースの形にボール紙を2枚切り、タマゴがはまる大きさの穴を5つあける。
2. タマゴをはめてはり合わせ、自由に装飾してみよう。

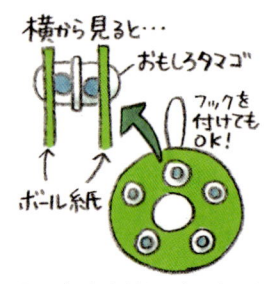

横から見ると…
おもしろタマゴ
フックを付けてもOK！
ボール紙

※タマゴの中身をドングリにしてもいいよ。

カラフルお星さま
キラキラくるくる

冬

用意するもの	アルミホイル　紙コップ　セロハンテープ

作り方

P.43『タマゴロゴロ』の内側にしわを付けたアルミホイルを巻き、鉛筆の太さぐらいの穴をあけた紙コップをくっ付ける。

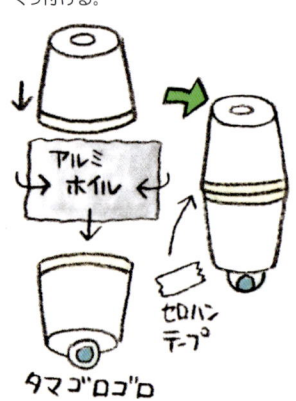

アルミホイル
セロハンテープ
タマゴロゴロ

遊び方

キラキラ～
くるくる

明るい場所で穴をのぞくと、ビー玉の色がキラキラして見えるよ。

指先の感覚と聴覚を使って遊ぼう！

いっしょに作ろう
これぞタマゴ！

用意するもの　フラワーペーパー（黄・白）　ミニカップ×2

作り方

「丸めてみて」
「これに入れてみよう」
黄色のフラワーペーパー
ミニカップ
白のフラワーペーパー
「これで包んでみて」

フラワーペーパー（黄）を少し丸め、フラワーペーパー（白）で包んで、ミニカップに入れて、本物そっくりの卵を作ってみよう。

よくよく聞こえる！
タマゴロゴロ

用意するもの　紙コップ　ハサミ

作り方

紙コップの底にミニカップがはまる大きさの穴をあけ、外側からタマゴをはめ込む。

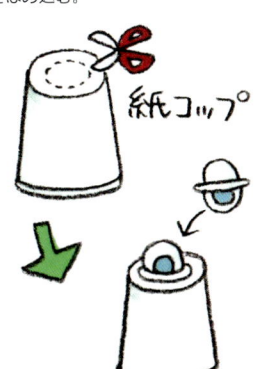

紙コップ

遊び方

耳に近づけて振ってみるとよく聞こえるよ。

感触と音がおもしろい！
ぺっこ〜ん

遊び方

「へっこんだ〜！」
ペコペコ

タマゴを指先で押したりつまんだりして、へこませてみよう。

聞き分けて当ててみて！
わたしはだ〜れ？

用意するもの　封筒　タマゴパック　色画用紙　同じ中身のおもしろタマゴ×2個ずつ

遊び方

❶ サカナに装飾した封筒に、子どもに見えないようにタマゴを入れ、振って音を鳴らす。

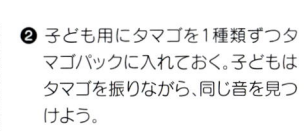

❷ 子ども用にタマゴを1種類ずつタマゴパックに入れておく。子どもはタマゴを振りながら、同じ音を見つけよう。

「どのタマゴと同じ音かな？」
「これかな？」
ふりふり

0・1・2歳児⑥ おもしろタマゴ

ぱっくんカード

0・1・2歳児 ⑦

主な素材：牛乳パック

作り方

用意するもの　牛乳パック　両面テープ　ハサミ

牛乳パックの4面を切り取り、半分に折って両面テープで接着する。角を丸く切り落とす。周りをマスキングテープなどではってもいい。

基本形で遊ぼう！

もしもし〜 スマぱっくフォン

用意するもの　油性フェルトペン　写真　両面テープ

作り方

カードに写真などをはり、油性フェルトペンでボタンなどを描く。

お手紙届いたよ ゆうびんごっこ

用意するもの　空き箱　ハサミ　シール

遊び方

カードにシールをはったりしてお手紙に見立てて、ポストに入れて遊んでみよう。

おてがみで〜す！

ポストの作り方

空き箱にカードが通るぐらいの穴をあけ、装飾しよう。

たくさん付けよう はさみんこ

用意するもの　洗濯バサミ

遊び方

いっぱいつけよー！
たつかなぁ〜

カードの周りに、洗濯バサミを自由に挟んでみよう。

集めるのだいすき！ カードあつめ

用意するもの　ビニール袋など

遊び方

ありがとう！
はいどうぞ

カードを保育者や友達にもらったりしてビニール袋に収集しよう。

0・1・2歳児⑦ ぱっくんカード

アレンジして遊ぼう！

シュ～ッと通せる？
ひもとおし

用意するもの　パンチ　ひも

遊び方

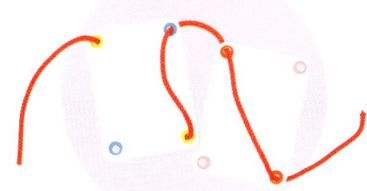

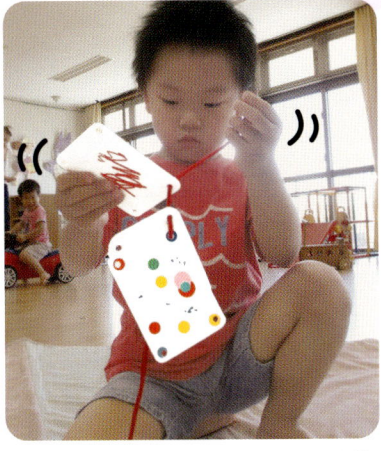

パンチで穴をあけたカードにひもを通して遊ぼう。つなげてみたり、重ねて通したりもできるよ。

※ひもがほつれないように、先をセロハンテープで巻き、反対側は抜けないように、ループエンドなどを付けると遊びやすいよ。

組み合わせて
いっしょだね！

用意するもの　油性フェルトペン

作り方

2枚のカードにひとつの絵を描く。いろいろな絵を描いたものを用意しておこう。

遊び方

バラバラに置いて絵を合わせてみよう。
※1枚ずつ子どもに配って、同じ絵の友達を探して遊んでも楽しいよ。

どこまで続く?!
つなが～るロード

用意するもの　ビニールテープ

作り方

カードに縦にビニールテープをはって、道に見たてる。裏は違う色で同じようにはる。

※道の両側を装飾してもいいよ。

遊び方

道をどんどんつなげていって、ミニカーや汽車を走らせてみよう。

何度でも回したくなる
クルクルくるん！

用意するもの　パンチ　ビニールテープ　太めのストロー　細めの曲がるストロー×2

作り方

❶ 2本の曲がるストローの長い部分を約5cmに、太めのストローを約3.5cmに切る。

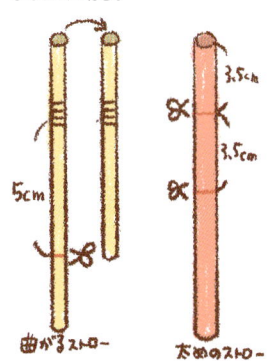

❷ 曲がるストローを曲げ、5cmに切ったほうに太めのストローを通して、ビニールテープで留めになるように巻く。

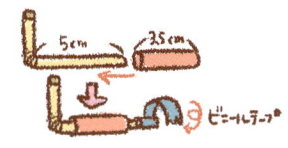

❸ 曲がるストローの曲げたほうを穴に通し、ビニールテープで固定する。裏も同様に。

遊び方

太めのストロー部分を両手で持ち、回してみよう。

P.46 季節・行事にピッタリ！　P.47 指先を使って遊ぼう！　につづく　45

季節・行事にピッタリ！

子どもとふれあい！
ひっぱってー！
春

用意するもの：巧技台（枠）　荷造り用のひも　太めのひも　パンチ　油性フェルトペン

作り方
1. カードに「あくしゅ」「ほっぺすりすり」「こちょこちょ」「なでなで」「タッチ」など、ふれあいの内容を書く。
2. カード上部にパンチで穴をあけ、長めに切った荷造り用のひもにくくる。
3. 太めのひもで❷のひもをすべて束ねておく。

遊び方
1. 巧技台に作ったカードを垂らし、1本だけ引っ張る。
2. そこに書かれている内容で遊んでみよう。

※保育参観でも親子でやってみよう。

パタパタ畳んで
ニョロヘビさん
夏

用意するもの：透明粘着テープ　油性フェルトペンなど　色画用紙

作り方
1. ヘビの模様や顔をはったり描いたりする。
2. 約2mmすき間をあけて透明粘着テープをはってつなげ、パタンパタンと畳めるようになじませる。

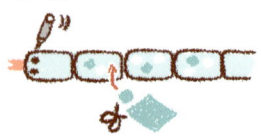

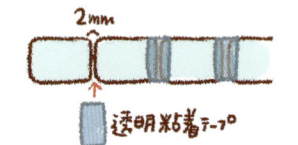

遊び方
畳んだり、伸ばしたりしてみよう。

卓上クリスマス！
さんかくオーナメント
12月　クリスマス

用意するもの：両面テープ　シールや写真　油性フェルトペン　など

作り方
1. 3枚のカードにシールや写真をはったり、絵を描いたりする。
2. 3枚のカードの端をはり合わせて三角形を作る。

※はり合わせるとき、上下の向きに注意しよう。
セロハンテープで補強してもいいよ。

すぐにクルクル♪
ぱっくんゴマ
1月　正月

用意するもの：割りピン　セロハンテープ　ペットボトルのキャップ×2　ビニールテープ

作り方
1. 割りピンをカードの中心に付ける。
2. 重ねたペットボトルのキャップを裏につまみとして取り付け、装飾する。

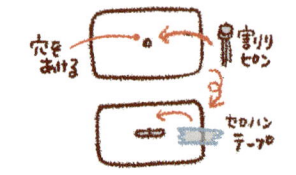

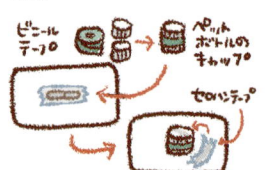

遊び方
回して遊んでみよう。

0・1・2歳児⑦
主な素材　牛乳パック

0・1・2歳児⑦ ぱっくんカード

指先を使って遊ぼう！

開いて閉じて1・2・3
しかくー！！

用意するもの　透明粘着テープ

作り方

約2mmすき間を空けて透明粘着テープで4枚のカードをつなげて筒状にする。パタンパタンと畳めるように透明テープをなじませる。

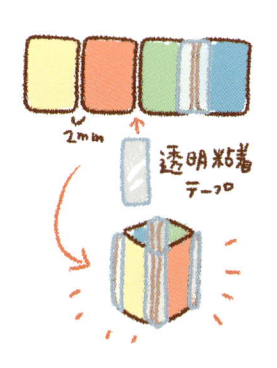

遊び方

てじたり
ひらいたり

開いたり閉じたり手を入れてみたり、自由に遊んでみよう。

たくさんかけられるかな？
つないでつないで

用意するもの　S字フック
P.45『ひもとおし』で作ったカード

遊び方

P.45『ひもとおし』で作ったカードにS字フックを掛けてみよう。カードをたくさんつなげられるかな？

お〜っ いいかんじ！
はりはがし

用意するもの　マジックテープ　両面テープ

遊び方

はがれた
ベリベリ

片面にマジックテープを付けたカード同士をくっ付けたり、はがしたりして遊ぼう。

両手ですっぽり！
まんまる型はめ

用意するもの　紙コップ（90mℓ）
セロハンテープ　ハサミ
P.80『タツンダ』

作り方

カードの中心に穴をあける。P.80『タツンダ』と紙コップの底をセロハンテープでつなげる。

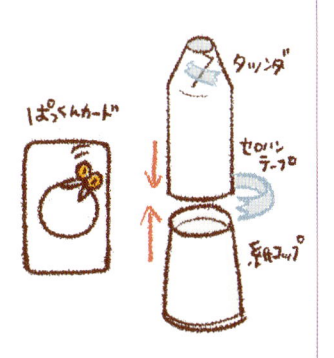

ぱっくんカード
タツンダ
セロハンテープ
紙コップ

遊び方

両手を使ってカードをタツンダに入れてみよう。

47

フリフリぼんぼん

0・1・2歳児⑧

主な素材：新聞紙、傘袋

作り方

用意するもの　新聞紙　傘袋　セロハンテープ　ハサミ　ビニールテープ　色紙

1 新聞紙半分を丸めて色紙で包む。このボールを2個作る。

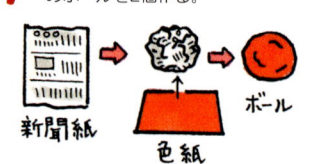

2 傘袋の角を折り、セロハンテープで留めて裏返す。

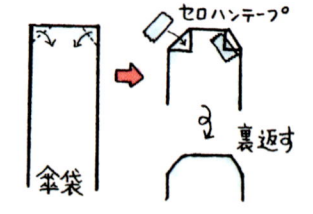

3 傘袋に **1** を1個入れ、約5cmねじってビニールテープで巻いて持ち手を作る。残りのボールを入れて口をくくり、先をセロハンテープで留める。

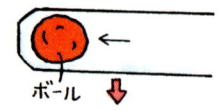

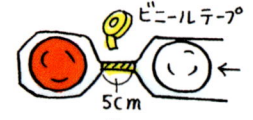

基本形で遊ぼう！

握ってみよう！
にぎにぎぼんぼん
遊び方　ボールや持ち手を握ってみよう。

振ってみよう！
ふりふりぼんぼん
遊び方　ボールや持ち手を持って、振ってみよう。

回してみよう！
くるくるぼんぼん
遊び方　ボールを持って、もう一方のボールを回してみよう。

投げてみよう！
ぼんぼんぽいぽい
遊び方　ボールを持って、投げてみよう。

ぽいっ

0・1・2歳児⑧ **フリフリぽんぽん**

アレンジして遊ぼう！

おさんぽにいくよ〜
つなげてニョロリン

用意するもの 傘袋　ビニールテープ　セロハンテープ

作り方

❶ 傘袋の端の角を折り、セロハンテープで留めて裏返す。

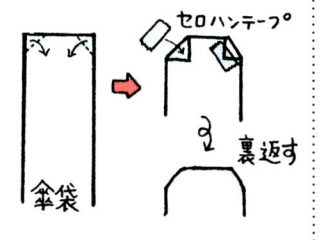

❷ 傘袋にぽんぽんを入れて、持ち手部分とボールの上をねじってビニールテープで留める。これをできるところまで繰り返し、最後は口をくくってセロハンテープで留める。

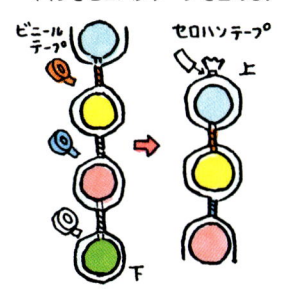

遊び方

しっかりと握ってみたり、お散歩させてみたり、持ち上げて振ってみたりして遊んでみよう。

同じ色でこんにちは
同じ色でペッタンコ

遊び方

同じ色が隣り合うようにぽんぽんを並べて遊ぼう。

転がしてみよう！
おわんころりん

用意するもの 発泡スチロールの汁椀×2　両面テープ　ハサミ　セロハンテープ

作り方

❶ 汁椀の底に穴をあけ、切り込みを入れる。

❷ 汁椀の底が向かい合うように、穴にぽんぽんの持ち手を通し、両面テープで底をはり合わせる。切り込みはセロハンテープをはって閉じ、自由に装飾してみよう。

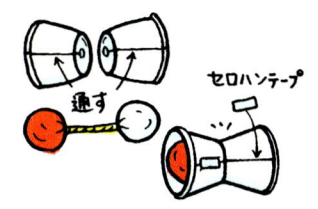

遊び方

手で転がして遊んでみよう。

どの穴に入るかな？
いないいないポン！

用意するもの 段ボール箱　ハサミ　布粘着テープ

作り方

段ボール箱に直径7〜8cmの穴を1つ、4cmと5cmの穴を2つずつあける。穴の周りを布粘着テープでカバーする。

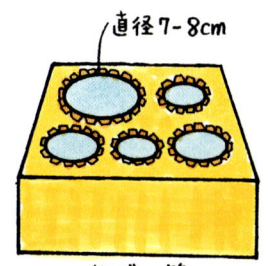

遊び方

ボールを入れてみよう。どこから入れることができるかな？　入れたら今度は出してみよう！　取り出せるのは直径7〜8cmの穴だけだよ。

P.50 季節・行事にピッタリ！　P.51 引っ張って遊ぼう！　につづく　49

季節・行事にピッタリ！

0・1・2歳児⑧

主な素材：傘袋／新聞紙

雨の日も晴れの日も
ひっくりテルテル

6月 梅雨期

用意するもの　輪ゴム×2　セロハンテープ　油性フェルトペン　カラーポリ袋　丸シールなど

作り方

❶ ボールに顔を描いて、頭になる部分に輪ゴムを付ける。

❷ カラーポリ袋を25×25cmに切り、表裏に丸シールなどをはって模様を付けよう。

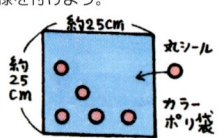

❸ 持ち手の部分に、マントのようにカラーポリ袋をくくり、ボールを隠す。

かんたんベル
チリンチリンチリン

12月 クリスマス

用意するもの　紙コップ×2　大きめの鈴　セロハンテープ

作り方

❶ 1個の紙コップの口から底に切り込みを入れ、底部分を8等分に切る。

❷ ぽんぽんを切り込みから通し、セロハンテープで切り込みを閉じる。

❸ もう1個の紙コップに大きめの鈴を入れて、❷をかぶせてセロハンテープで留める。

遊び方

ボールを持って、鈴を鳴らしてみよう。

すぐに回せる！
クルクルゴマ

1月 正月

用意するもの　紙皿×2　ハサミ　両面テープ

作り方

紙皿にぽんぽんが通る大きさの穴をあけて底同士を両面テープではり合わせ、自由に装飾する。穴にぽんぽんを通す。

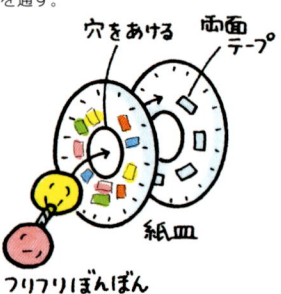

遊び方

両端のボールを持ち、回して遊ぼう。

わたしたち参上！
ぼんぼんひな人形

3月 ひな祭り

用意するもの　紙コップ(90mℓ)　ハサミ　紙コップ(205mℓ)　のり　色画用紙　セロハンテープ　色紙　フェルトペン

作り方

❶ 紙コップ(90mℓ・205mℓ)の口から底に切り込みを入れ、底部分を8等分に切る。

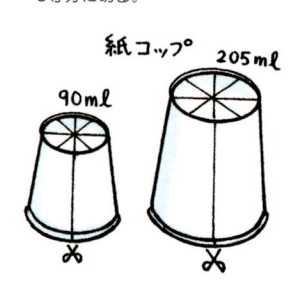

❷ 紙コップ(90mℓ)を上に置き、ぽんぽんを通して切り込みをセロハンテープで閉じる。

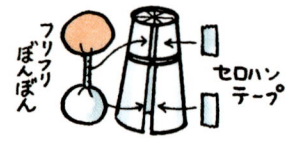

❸ 自由に色紙や色画用紙などで装飾する。

50

0・1・2歳児 ⑧ **フリフリぼんぼん**

引っ張って遊ぼう！

じっくりスライド
ぽんすーぽん！

用意するもの　牛乳パック×2　ハサミ　ビニールテープ

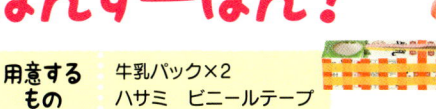

作り方

❶ 牛乳パックは2本とも口部分を切り離す。

❷ 2本とも牛乳パック（側面）の端に直径6.5cmの穴をあける。穴から幅1cmの切り込みを入れる。

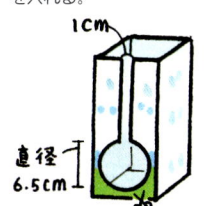

❸ 牛乳パックを図のようにビニールテープでつなげる。

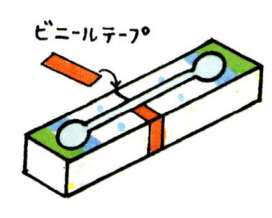

遊び方

穴にボールを入れて、もう一方のボールを持つ。反対側の穴にぼんぼんを動かして引き抜く。途中で引き抜かずに最後まで動かせるかな？

引っ張って〜
ビョーン！！

用意するもの　輪ゴム×4　ビニールテープ

遊び方

❶ 4本つないだ輪ゴムをぼんぼんの持ち手の中心にくくる。輪ゴムの先は床やテーブルにしっかりと固定する。

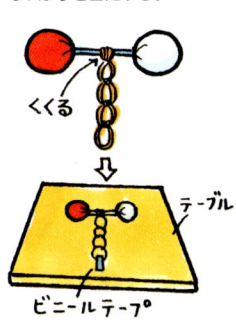

❷ 両手でぼんぼんを引っ張って離そう。

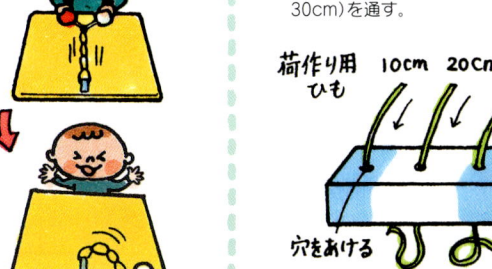

繰り返し遊べる！
タオルでぴょーん！

用意するもの　タオル

遊び方

❶ 保育者2人がタオルの両端を持ち、真ん中にぼんぼんを掛けてもらう。

❷ タオルを緩めてから引っ張るとぼんぼんが飛んで行くよ。子どもはそれを拾いに行き、また掛けてと繰り返し遊ぼう。

これはどこまで？
ヨイショひっぱれ！

用意するもの　荷造り用のひも　牛乳パック　ビニールテープ　ハサミ

作り方

❶ 牛乳パックの一面を切り取り、口を折り畳んでビニールテープで留める。

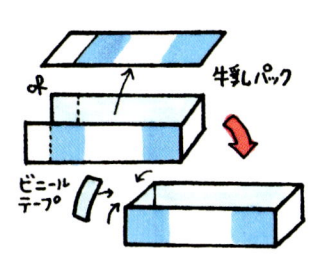

❷ 切り取った面と反対側の面に3か所をあけ、荷造り用のひも（10cm・20cm・30cm）を通す。

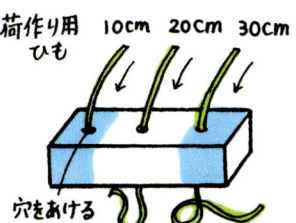

❸ ぼんぼんの持ち手を切り離し、荷造り用ひもの両端にくくり付ける。

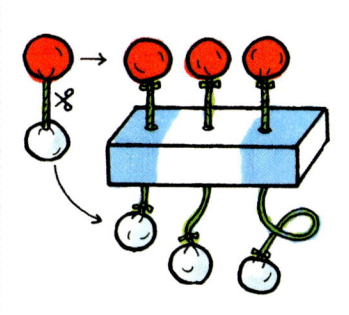

遊び方

牛乳パック内にあるボールは見えないように隠す。子どもが牛乳パックの上に乗っているボールを引っ張って遊ぶ。ひじを上げるように、引っ張ってみよう。

3・4・5歳児 ①

主な素材
紙コップ
牛乳パック

スナッピー

作り方

用意するもの 牛乳パック(一面)　紙コップ　ホッチキス　セロハンテープ　ハサミ　ティッシュペーパー×3

1 牛乳パック一面を切り取って紙スプーンのように折る。

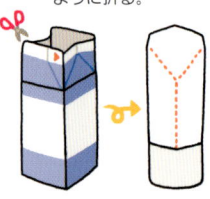

2 紙コップにホッチキスで留めて、セロハンテープでカバーする。

持ち方
ひとさし指を伸ばして持ち、ボールを投げるように前方に振ると、ボール(ピンポン球または、ティッシュペーパー3枚を丸めてセロハンテープで留めたもの)がソールを転がり前方に飛ぶ。

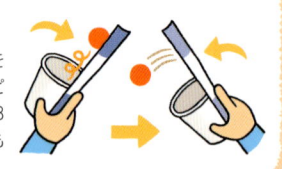

基本形で遊ぼう！

ひたすら投げてみよう
なげて・なげて！

用意するもの ボール

遊び方 
ボールを紙コップに入れ、投げてみよう。

よし！はいれ～！
スナップダーツ！

遊び方 
段ボール箱を数個並べて、一定の距離から投げ入れてみよう。
※距離は子どものようすを見て調整しよう。

ころころころころどこまでも
転がしあそび

用意するもの ボール

遊び方 
ボールを地面(床)に置いてソール部分で転がして遊んでみよう。

おっととっと落とすな！
バランスあそび

用意するもの カラー標識　ボール

遊び方 
ボールをソールに乗せて、ジグザグに歩いてみよう。

3・4・5歳児① **スナッピー**

アレンジして遊ぼう！

これって！いいね〜！
ふりふりシェイク

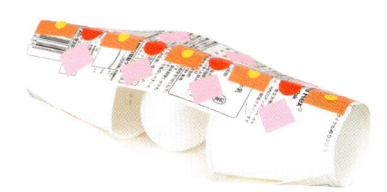

用意するもの　セロハンテープ　ピンポン球

作り方
スナッピーをもう1個作り、反転させてくっ付ける。

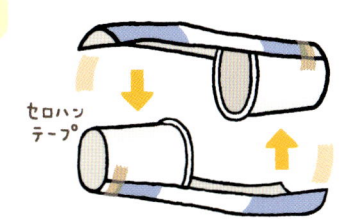

遊び方
ピンポン球を入れて、両手で横振りしてみよう。
※リズムあそびで使ってもおもしろいよ。

わっ！動くぞ！
フーフー玉

用意するもの　紙コップ　ハサミ　曲がるストロー　クッション材　セロハンテープ

作り方
❶ 紙コップを底から1/3のところで切り落とし、切り込みを入れてじょうごのように絞ってセロハンテープで留める。

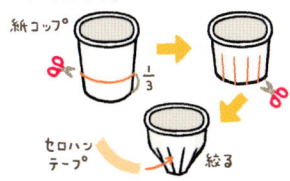

❷ ストローの先を2等分に切り、スナッピーの側面の穴に入れる。上から❶を入れてストローを通す。

❸ ストローの先を広げて、ホッチキスで留める。半分に切ったクッション材を中に入れてでき上がり。

遊び方
ストローを吹くと、クッション材が上がったり下がったりするので、息を調節して遊んでみよう。

お散歩のあとに…
壁掛け一輪挿し

用意するもの　パンチ　オアシス　紙コップ（90mℓ）

作り方
ソール上部の中心にパンチで穴をあける。

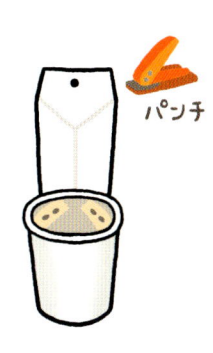

遊び方
摘んできたお花などを入れ、壁に掛けて飾る。
※紙コップの中に、アルミホイルで包んだオアシス（生花用吸水スポンジ）や水を入れた90mℓの紙コップなどを入れるといいね。

きみのはどこ製？
水中メガネ

用意するもの　輪ゴム×2〜3本　カラーセロハン（青系）　ホッチキス　両面テープ　セロハンテープ　ハサミ

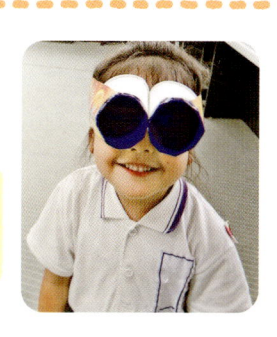

作り方
❶ スナッピー2個をセロハンテープでくっ付ける。つなげた輪ゴムをソールの先に引っ掛けてホッチキスで留め、セロハンテープでカバーする。

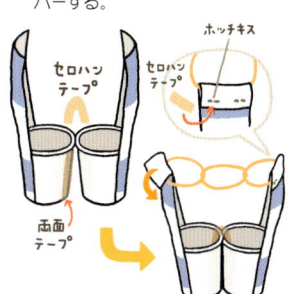

❷ 紙コップの底をくり抜き、カラーセロハンをはり付ける。

P.54 季節・行事にピッタリ！　P.55 クラスのみんなで遊ぼう！ につづく → 53

季節・行事にピッタリ！

3・4・5歳児①
主な素材：紙コップ、牛乳パック

クルクルまわれ！
くるくる こいのぼり

5月 こどもの日

用意するもの
- 牛乳パック（一面）
- 割りばし　両面テープ
- 色画用紙など
- ビニールテープ

作り方

❶ 反対側にもソールをはり付け、こいのぼりの形に切り取る。しっぽを両面テープではり合わせる。

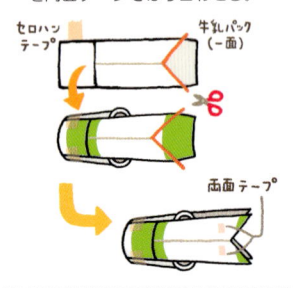

❷ ❶で切ったしっぽの残りをうろこにし、自由に装飾する。

❸ 紙コップの底付近に穴をあけて、割りばしを差し込み、留めになるようにビニールテープを巻く。

遊び方
手に持ち、グルグル回して遊ぶ。 

あの伝承おもちゃに！
けん玉ふう スナッピー

敬老の日・正月

用意するもの
- たこ糸　油粘土
- ティッシュ　アルミホイル
- パンチ　ハサミ
- セロハンテープ　紙コップ

作り方

❶ たこ糸を油粘土に巻き付け、その上をティッシュ、アルミホイルの順で包む。

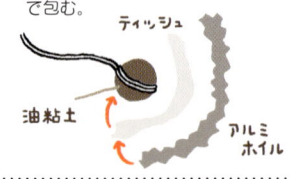

❷ ソールに穴をあけ、少し長めに取ったたこ糸を結ぶ。

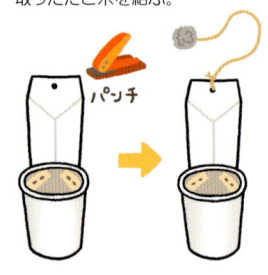

❸ もう1つの紙コップの底を切り落とし、反転させて、スナッピーの紙コップの底に装着する。

遊び方
ソール部分、コップの中、裏側のコップに玉を入れて遊んでみよう。 

水って気持ち良いな
水あそび スナッピー

夏

「すずしい！」

遊び方
コップに水を入れて、ボールを投げるときと同じように水を前方にまいてみよう。打ち水・水まき・水あそび・水やりなど、いろいろ使える勝れ物。

なんだかうれしい！
ハッピーシャワー

誕生会

用意するもの
- ハサミ
- ペーパー芯
- ティッシュ
- 紙テープなど

「おめでとう!!」

遊び方
薄く輪切りにしたペーパー芯や丸めたティッシュ、紙テープなどをスナッピーに入れ、誕生会などで「おめでとー！」とお祝いするときに振りかけよう。
※ペーパー芯に着色をしておくとより華やかになるよ。

3・4・5歳児① **スナッピー**

クラスのみんなで遊ぼう！

なげて なげて なげてみよ！
投げ合い玉入れ合戦

用意するもの ボール

遊び方

❶センターラインを引き、2チームに分かれる。
❷自分の陣地にあるボールを時間いっぱいまで相手陣地へ投げて遊ぶ。
❸相手の陣地にたくさんボールを入れたほうが勝ち。
※時間目安20～30秒を2・3回繰り返して遊んでみよう。

じっくり そろそろ だいじなボール
ボールをどうぞ！

用意するもの ボール

遊び方

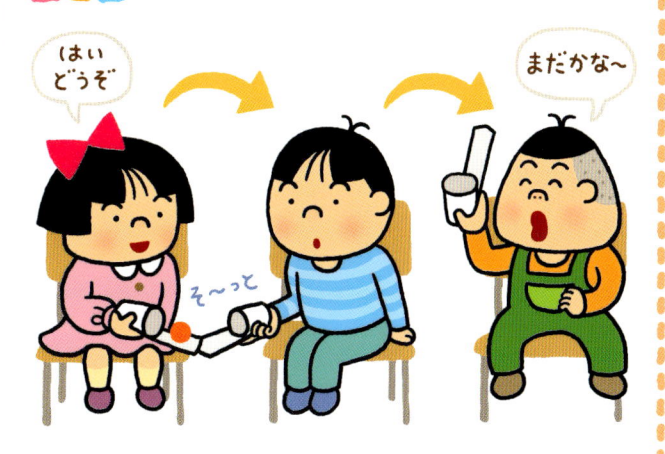

スナッピーに入れたボールを次々と隣へ橋渡しをして遊ぼう。イスに座ったり、フープを置いたりして遊び、子ども同士の距離感を保つところがおもしろさのポイントになるよ。

こぼさずできるかな？
水運びリレー

用意するもの
バケツ
ペットボトル(2ℓ)
ビニールテープ

遊び方

P.53『フーフー玉』のじょうごを取り付けたペットボトルに、バケツの水（色水でもOK）を移し替えよう。ソールをうまく使えるかな？

すくい方はいろいろ
すくってひろって

用意するもの 玉入れの玉

遊び方

ランダムに広げた玉入れの玉をスナッピーで拾って集める。ひとりひとりが何個拾えるか（個人戦）、チームに分かれて集める（団体戦）など、いろいろなバリエーションで遊べるよ。
※ブルドーザーのようにすくい上げても、転がして陣地に運んでもOK。

3・4・5歳児②

主な素材
スポンジ
ペーパー芯

スポンジころころ

作り方

用意するもの スポンジ（硬い面があるもの）　ペーパー芯　両面テープ　ハサミ

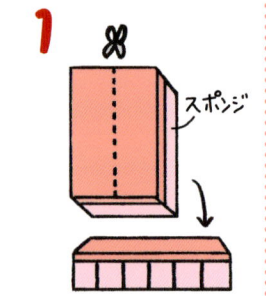

1 スポンジを縦に二等分し、硬い面は残して六等分にする。

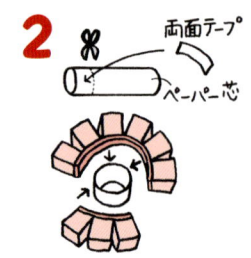

2 輪切りにしたペーパー芯に両面テープを付け、スポンジをはる。スポンジが足りない場合は、付け加える。

基本形で遊ぼう！

いっぽんゆ〜び　まわるかな？
くるくるくるり〜ん
遊び方 
指に入れて回して遊ぼう。

こんな回し方もいいね
棒さしころころ
用意するもの 割りばし
遊び方 
棒を差し込んで転がして遊ぼう。棒から離れて転がっていくのもおもしろいよ。

回してぺたぺた
くるくるスタンプ
用意するもの 絵の具
遊び方 
スポンジに絵の具を付け、指に入れて転がす。1色でも、全部違う色でもOK！

みてみて　ほらっ
でこぼこ双眼鏡
遊び方 
スポンジの凹凸を組み合わせて、双眼鏡を作ってみよう。

56

3・4・5歳児② **スポンジころころ**

アレンジして遊ぼう！

あらあら不思議？
ぐにゃぐにゃコロコロ

用意するもの ストロー／セロハンテープ

作り方
ころころの内側にストローをはり付ける。反対側も対称となる位置に付ける。

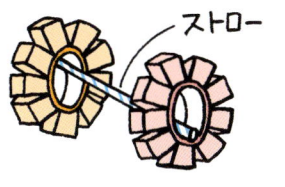

セロハンテープ
ストロー

遊び方
転がして遊んでみよう。おもしろい動きをするよ。

ぐにゃぐにゃ

こまになーれ
回転コロコロ

用意するもの 余ったスポンジ／割りばし／牛乳パック／えんぴつけずり（手動）／セロハンテープ

作り方
❶ ころころの中心にスポンジを入れる。

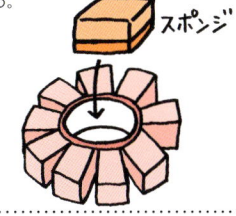

スポンジ

❷ えんぴつけずりで先を尖らせた割りばしを中心のスポンジに差し込む。

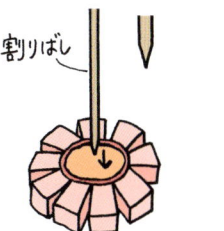

割りばし

❸ ころころの周りに牛乳パックの帯を巻いてセロハンテープで固定し、装飾する。

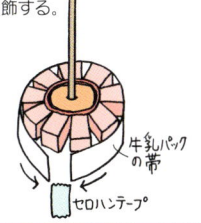

牛乳パックの帯
セロハンテープ

遊び方
まわった！
こまのように回して遊んでみよう。

へーんしんっ！
ぽこぽこブレスレット

遊び方
みてみて
よし！きまった！

一部を切り離し、腕などにはめてみよう。
※輪ゴムやひもなどに留めてもOK！

ガオガオガオ〜ッ！
コロコロライオン

用意するもの ペーパー芯／色画用紙／のり／ハサミ／フェルトペンなど／両面テープ

作り方
❶ ペーパー芯を差し込んだころころに色画用紙で作ったライオンの顔をはり付ける。

ペーパー芯
両面テープ

❷ 色画用紙で足やしっぽをはってでき上がり。

P.58 季節・行事にピッタリ！　P.59 みんなで遊ぼう！ につづく → 57

季節・行事にピッタリ！

感謝のき・も・ち メモスタンド
母の日・父の日

用意するもの　ペーパー芯　ハサミ

作り方
1. ペーパー芯に力を加えてハート型にする。
2. ころころを❶の両端にはめる。
3. スポンジのくぼみにメッセージや写真などを差し込んででき上がり。

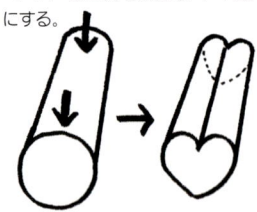

七夕飾り スポンジきらりん
7月 七夕

用意するもの　モール　紙テープ　ビニールテープ　色画用紙　のり　セロハンテープ

作り方
1. ころころの内側からモールを取り付ける。
2. 紙テープを内側にはり付ける。
3. 色画用紙で星などを作り、自由に装飾する。

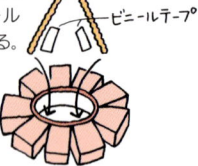

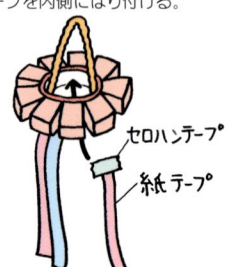

強そう！でも大丈夫！ スポンジ金棒
2月 節分

用意するもの　キッチンペーパーの芯

作り方
キッチンペーパーの芯にころころを何個か差し込んでいく。
※キッチンペーパーの芯の太さに合わせて、芯をへこましたり、ころころを切り離してはり付けたりしよう。ビニールテープなどで装飾してもOK！

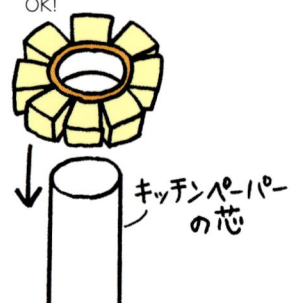

遊び方
つよいぞ！　きゃー！

節分はもちろん、発表会の小道具にも使えるよ。
※P.26「リングリングでお面です」といっしょに使っても盛り上がるよ。

おいしそう？？ スポンジケーキ
誕生会

用意するもの　ハサミ　両面テープ

作り方
1. ころころを図のように半分に切る。
2. ❶の一部を切り離し、紙コップにらせん状に巻き付けていく。
※子どもが好きなようにロウソクや果物、旗を差したりしてもいいよ。

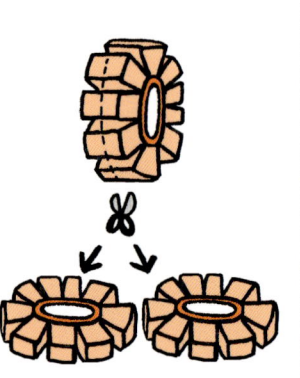

3・4・5歳児② **スポンジころころ**

みんなで遊ぼう！

同じ色を見つけよう
なかまあつめ

用意するもの　余ったスポンジ　ペットボトル(500mℓ)　カラー標識　宝物(積み木や玉入れの玉など)

遊び方

❶ ペットボトルにころころと同じ色のスポンジを切ったものを入れ、カラー標識をかぶせておく。

❷ 子どもはころころを持って、中のスポンジの色を確かめる。同じ色を当てた子どもには宝物を渡していこう。たくさん当てて宝物が多い子どもが勝ち！

パックに変身！
スポンジホッケー

用意するもの　新聞紙　セロハンテープ　段ボール箱

遊び方

スティックの作り方
新聞紙を棒状に丸めて、セロハンテープで留める。

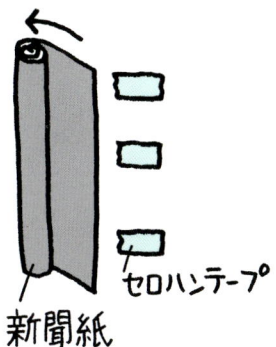

ころころをホッケーのパックに見たて、スティックを使ってホッケーごっこをして遊ぼう。

ねらってねらって！
コロコロシュートゲーム

用意するもの　段ボール箱　フェルトペン

遊び方

段ボールに点数を描く。
横にした段ボールに勢いよく転がし入れて、点数を競う。

たかーく積み上げよう
スポンジタワー

遊び方

グループに分かれ、横・縦と交互に規則性を持って積んでいこう。どのグループがいちばん高く積み上げられるかな？　時間制にすると、崩れても再チャレンジができるよ！

59

カタカタっぷ

3・4・5歳児 ③

主な素材：紙コップ／ホース

作り方

用意するもの　紙コップ×2　ホース（直径15〜20mm）　輪ゴム　ハサミ　ビニールテープ　ホッチキス　セロハンテープ

1 3〜4cmに切ったホースに輪ゴムを沿わせてビニールテープを巻く。
（ビニールテープ／輪ゴム／ホース3〜4cm）

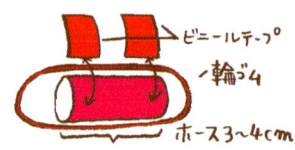

2 紙コップの縁に入れた幅1cmの切り込みに輪ゴムをはめ、ホッチキスで留める。

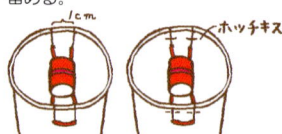

3 補強のために、もう1個の紙コップをかぶせ、セロハンテープで固定する。
（セロハンテープ／紙コップ）

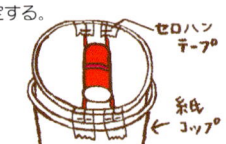

使い方 ホースを何度も巻いてコップを伏せ、手を離すとカタカタ動き出すよ。

基本形で遊ぼう！

巻いて動かそう　かさこそカタカタ

遊び方 
ホースを何度も巻いて動かしてみよう。

「うごいた〜！」

あっと驚き！　ビックリ人形

用意するもの　フェルトペン　色画用紙　など

遊び方
ビックリしている表情を紙コップに描き、色画用紙で作った手をはったりして動かして遊んでみよう。

「ビックリ！」

お好みで取り替えてみよう！　着せ替え人形

用意するもの　フェルトペンや色画用紙　など

遊び方
いろいろな表情や服などを紙コップに描いたり、体のパーツを付けたりした紙コップを作ろう。セロハンテープで固定せず、自由に紙コップを取り替えて遊んでみよう。

「わたしウサギちゃん！」「ぼくはカエルだぴょ〜ん！」

元気すぎてもう大変！　おさかなピチピチ

用意するもの　紙粘土　絵の具　など

遊び方  
紙粘土で作ったサカナをカタカタっぷの上に乗せて手を離してみよう。
※エビでもおもしろいよ。

60

3・4・5歳児③ **カタカタっぷ**

アレンジして遊ぼう!

友達を驚かせよう!
びっくりボール

用意するもの
- フェルトペンなど
- ボール（硬式テニスボールや、野球の軟球、新聞紙を丸めたものなど）

遊び方

❶ 紙コップには少しトーンの低い色を塗っておく。ホースを何度も巻いたら、動かない状態にできる重さのボールを乗せる。

❷ 友達にボールを取ってもらうと、紙コップがカタカタ動いてビックリするよ。

このカブトムシ動くぞ!
カタカタカブトムシ

用意するもの
- ヨーグルトカップ（紙コップにかぶせることができるぐらいの大きさ）
- 色画用紙やモールなど
- ハサミ　のり
- セロハンテープ

遊び方

ヨーグルトカップに色画用紙やモールなどでカブトムシを作り、P.63『ぜんまい仕掛けふうカタカタっぷ』に乗せて走らせてみよう。

はじめまして! こんにちは!
ブルブル うちゅうじん

用意するもの
- ビー玉　紙コップ
- ハサミ　ラップ
- 色画用紙やフェルトペンなど
- のり　セロハンテープ

作り方

❶ 宇宙人の顔の紙コップをカタカタっぷの上に付ける。

❷ 上に付けた紙コップにビー玉を入れて、ラップをする。

遊び方

カタカタっぷを動かすと、中のビー玉が回って不思議な音がするよ。

ゆらゆら～ゆらゆら～
ようかいボー

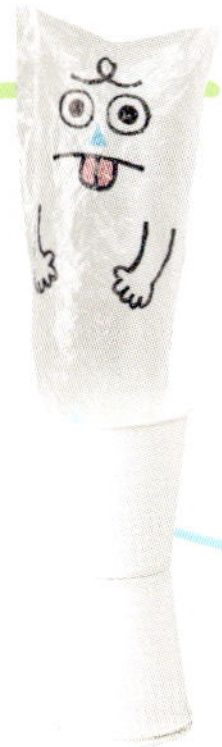

用意するもの
- 傘袋　曲がるストロー
- フェルトペン
- ビニールテープ
- セロハンテープ　紙コップ

作り方

❶ 紙コップに穴をあけて、曲がるストローを差し込み、カタカタっぷの上に付ける。

❷ 傘袋を少し短く切って、顔や手を描く。

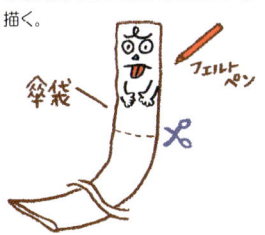

❸ 傘袋を紙コップ内のストローの先にビニールテープで空気が漏れないように巻く。

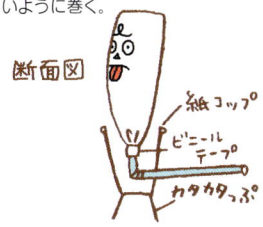

遊び方

ホースを巻いてからストローに空気を送り、手を離すと、ようかいボーがゆらゆら揺れておもしろいよ。

P.62 季節・行事にピッタリ!　P.63 動力チェンジ研究室　につづく → 61

季節・行事にピッタリ！

3・4・5歳児 ③

主な素材：紙コップ、ホース

スルスルスル〜 巻き取りのマキマキ

用意するもの：セロハンテープ、ストロー、紙テープ（コピー用紙を細く切ったものでもOK）、ハサミ

作り方

❶ ホースの真上の位置に紙テープ幅より少し大きめの切り込みをあける。

❷ 穴の幅より少し長いストローに紙テープを付け、外から穴に通す。

❸ 巻いたホースに紙テープを付ける。

遊び方

外からストローを引っ張って離すと、しぜんに紙テープが戻っていくよ。

一点集中型のスコープ！ ひっぱりアニメ

用意するもの：ハサミ、フェルトペンなど

作り方

紙テープのストロー側から順番に絵を描いていく。紙テープが垂直に見える位置を切り取る。

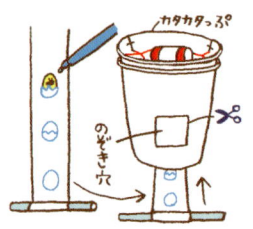

遊び方

紙テープを引っ張りながらのぞき穴をのぞいてみよう。

参観で保護者といっしょに作って遊ぼう！

ものの長さや大きさに興味を持とう！ 長さくらべ

用意するもの：紙テープ、えんぴつ

遊び方

紙テープを長くした『巻き取りのマキマキ』をいろいろなものに当てて、紙テープに長さを書き込む。測ったものと同じ長さは何かな？ 探してみよう。

瞬発力が試される！ しっぽつかみ

遊び方

❶ ひとりは『巻き取りのマキマキ』の紙テープをいっぱい引っ張る。もうひとりは目を閉じて、紙コップに近いほうで親指とひとさし指を広げて構える。

❷ 紙テープを引っ張っている人の合図でストローを離す。構えている人はしっぽ（紙テープ）をつかむ。交代で遊び、つかんだしっぽが長いほうが勝ち！

3・4・5歳児③ **カタカタっぷ**

動力チェンジ研究室

ゴムを変えてみよう
カタカタパワーアーップ！

2本に
平ゴムに

用意するもの　輪ゴムや平ゴムなど

遊び方

「パワーアップ！」「あっ!!」

動力の輪ゴムを2本にしたり、平ゴムにしたりしてみよう。動きにどんな変化が見られるかな？

ホースを変えてみよう
ぜんまい仕掛けふうカタカタっぷ

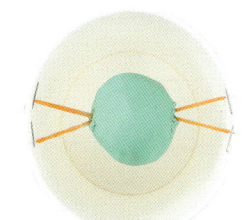

用意するもの　油粘土　輪ゴム　ゼムクリップ

作り方

ホース部分を油粘土に変えてみよう。輪ゴムの中心にゼムクリップを挟んで油粘土で覆う。

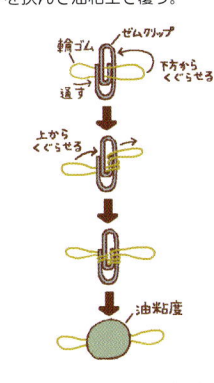

輪ゴム　ゼムクリップ
下方からくぐらせる
返す
上からくぐらせる
油粘土

遊び方

「すすんだ〜！」

後ろに引いて手を離すと動き出すよ。

どこまで走るかな？
カタカタ選手権

用意するもの　『ぜんまい仕掛けふうカタカタっぷ』

遊び方

「よ〜いどん！」「わ〜い！」

『ぜんまい仕掛けふうカタカタっぷ』を使って、友達とどこまで走るか競走してみよう。

これで優勝だ！
カタカタピットイン

用意するもの　『ぜんまい仕掛けふうカタカタっぷ』

遊び方

「いっぱいつけるよ」「はやくなったかなー？」

ねんど

『ぜんまい仕掛けふうカタカタっぷ』を使って、油粘土がどれぐらいの大きさなら走れるのか、速くなるのか遅くなるのかなど、自分で研究してみよう。
※子どもたちでいろいろ試してみよう。

コパック

3・4・5歳児 ④

主な素材：紙コップ

作り方

用意するもの　紙コップ×2　ビニールテープ　ハサミ

1 紙コップを上部から3.5cm、2.5cm幅に切り落とす。

2 底部分から差し込んでビニールテープなどで留めて、自由に装飾しよう。

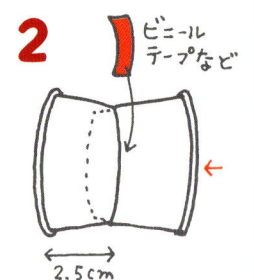

基本形で遊ぼう!

とにかく転がそう
コロコロコパック

遊び方

そのまま床に転がして遊んでみよう。

吹いてみよう
フーフーコパック

遊び方

息で吹いて転がしてみよう。

つなげて転がそう!
スロープコパック

用意するもの　牛乳パック×2　ビニールテープ　ハサミ

スロープの作り方

❶ 牛乳パックの口と底を切り落とし、一面を切り離す。

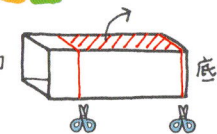

❷ 切り落とした口を輪切りにし、❶に通してビニールテープで固定する。

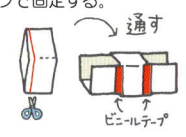

❸ ❷ふたつをビニールテープでつなげる。

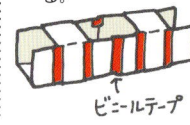

遊び方

「スロープ」を作って転がして遊んでみよう。

そーっと、慎重に
つみつみコパック

遊び方

コパックを積み上げてみよう。どこまで積み上げられるかチャレンジ！ 横・縦と交互に積み上げてもOK!

64

3・4・5歳児 ④ コパック

アレンジして遊ぼう！

どれがよく転がる？
いろいろコパック

用意するもの　大きさの違う紙コップ　透明コップなど

「ちいさいコパック！」「わたしはとうめい！」

遊び方
紙コップの大きさや素材を変えて転がしてみよう。

どんな動きをするのかな？
たまご型コパック

遊び方
形を楕円形にして転がして遊んでみよう。 

くるんくるん

パスパスまわせ！
コパックホッケー

用意するもの　キッチンペーパーの芯　油粘土　セロハンテープ

遊び方
コパックの内側に3〜4か所、おもりになる油粘土を付けて使おう。

おもしろい動きに！
おもりんコパック

用意するもの　おもりになるもの（ビー玉や油粘土など）　セロハンテープ

遊び方
横から見ると…　セロハンテープ　ビー玉　ぐるんぐるん

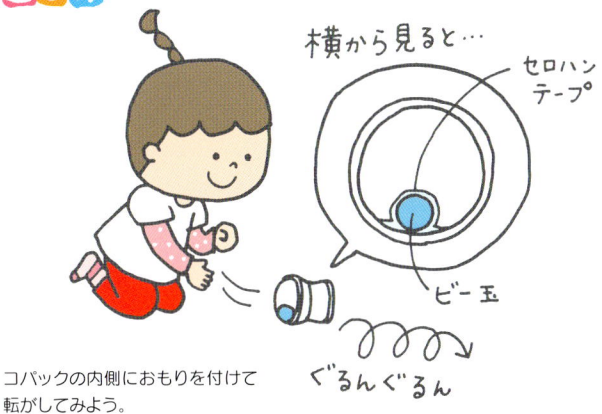

コパックの内側におもりを付けて転がしてみよう。

たまご型コパックを使おう！
スロープでジグザグ

用意するもの　牛乳パック×4　段ボール板　ビニールテープ　ハサミ

遊び方
「いくよ〜」「キャッチするね！」

『クーゲルバーン型スロープ』を壁にはり、『たまご型コパック』を転がして遊んでみよう。

クーゲルバーン型スロープの作り方

❶ 牛乳パックの口を切り落とし、一面を切り離す。
口　底

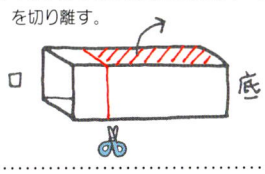

❷ 段ボール板に❶の牛乳パックをビニールテープでジグザグにはる。
段ボール板　ビニールテープ　牛乳パック

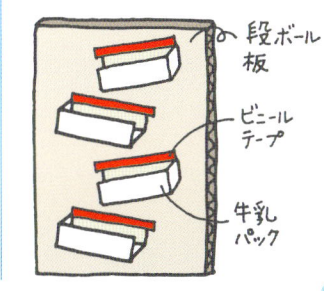

P.66 季節・行事にピッタリ！　P.67 友達とレースをしよう！ につづく

65

季節・行事にピッタリ！

保育室環境にもなる
コパックこいのぼり

5月 こどもの日

用意するもの　傘袋　セロハンテープ　色画用紙など　のり　ハサミ

作り方

① 傘袋の口をコパックにかぶせ、セロハンテープで取り付ける。

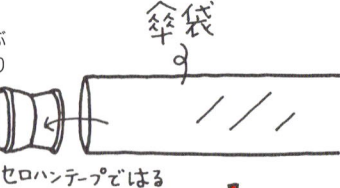

② 傘袋の先をしっぽの形に切って、背びれや目玉、ウロコを色画用紙などで作り、のりで付けてでき上がり。
※長さはどのこいのぼりにするかで調整しよう。

手づくり腕時計
うぉっ?! チッ!

6月 時の記念日

用意するもの　色画用紙　ビニールテープ　両面テープ　フェルトペン　のり　ハサミ　丸シール

作り方

① コパックを自由に装飾してベルトに見たてる。大きさの調節はコパックの一部を切り離して絞り込む。

② 丸に切った色画用紙に文字盤を描き、時計の針をはる。①に両面テープではる。

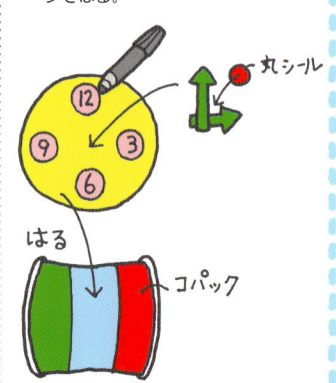

風流だね〜。
コパックふうりん

夏

用意するもの　たこ糸　鈴　目打ち　色画用紙　ハサミ　フェルトペン

作り方

① コパックの上下に目打ちで穴をあけ、それぞれにたこ糸を通す。下のたこ糸は内側で結んでおく。

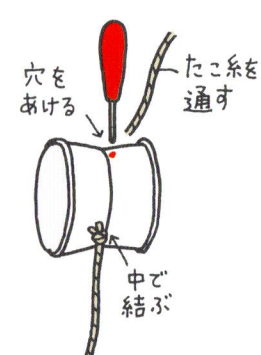

② 上は輪になるように結ぶ。コパックの内側は鈴を結び付け、上は留めになるように結ぶ。

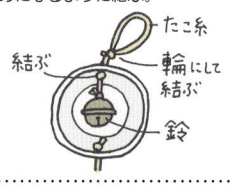

③ 下は短冊形の色画用紙を結び付けて、名前やメッセージなどを書く。

個性いろいろ
コパックオーナメント

12月 クリスマス

用意するもの　毛糸　マツボックリ　キラキラテープ　ハサミ

作り方

① コパックの周りにキラキラテープをはる。

② 両縁に切り込みを8か所ずつ入れて外側に広げる。

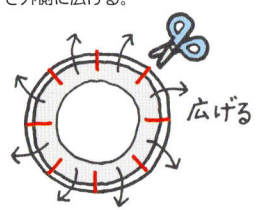

③ 片面を自由に巻いたら、マツボックリを入れて同じ毛糸でもう片面も巻く。

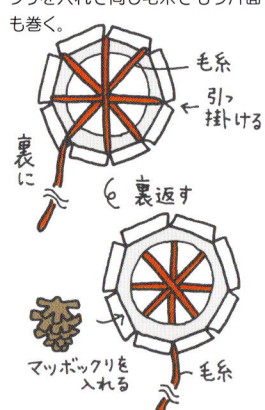

※巻き方には個性が出てくるので基本的に自由。

友達とレースをしよう!

負けないぞ〜!
スロープレース

用意するもの 牛乳パック×複数　ハサミ　ビニールテープ　大型積み木

遊び方
スロープを複数作り、積み木を使って傾斜をつける。だれがいちばん早く転がるかレースしよう。
※スロープの作り方はP.64『スロープコパック』参照。

これでどうだ!
カスタマイズレース

用意するもの おもりになるもの（ビー玉や油粘土など）　セロハンテープ

遊び方
おもりを自由に付けてカスタマイズし、友達とレースをしよう。
※どの部分にどれぐらいのおもりを付ければ早く転がるのか、などをそれぞれで研究してあそびを深めよう。

息をなが〜〜〜〜〜く!
テーブルレース

用意するもの ストロー

遊び方
スタートとゴールを決め、テーブルの上でストローで吹きながら友達とレースしよう。

ストロケット

3・4・5歳児 ⑤

主な素材: ストロー

作り方

用意するもの: 太めのストロー　細めの曲がるストロー　セロハンテープ

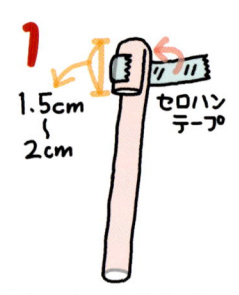

1 太めのストローの先を1.5cm～2cmほどで折り曲げてセロハンテープで留める。

2 曲がるストローは引っ張ってのばしてから曲げ、太めのストローを差し込む。

基本形で遊ぼう！

とにかく飛ばそう！
飛ばしてビューン！

遊び方

勢いよく吹いて飛ばしてみよう。
※人に向けないように気をつけよう。

どこまでも〜！
飛ばしっこ競争

遊び方

友達と飛ばしてどちらが遠くまで飛ぶか競争してみよう。

入るかな？ドキドキ
フープにゴー！

用意するもの: フープ

遊び方

床に置いたフープに向かって飛ばし、入れてみよう。

うまく着陸できるかな？
おかえり〜！

用意するもの: 発泡スチロールの汁碗　ハサミ　紙コップ　セロハンテープ

遊び方

ふたりで遊ぶよ。ひとりはロケットを飛ばし、もうひとりは受け皿を持って「おかえり〜！」と言いながら迎えに行こう。

受け皿の作り方

紙コップがはまる大きさの穴があいた発泡スチロールの汁碗に、紙コップをはめてセロハンテープで固定する。

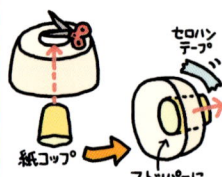

紙コップ → ストッパーに

3・4・5歳児⑤ **ストロロケット**

アレンジして遊ぼう！

どれぐらいがよく飛ぶのかな？
アレンジロケット研究所

遊び方

「ながくしたらどうなるかな？」
「ぼく、みじかいロケット！」
「まっすぐとんだ！」

ストローは長いほうがいいのか、短いほうがいいのか、自分たちで研究して飛ばしてみよう。

ねらいをさだめて！
まとあてゲーム

用意するもの　新聞紙　フェルトペン　綿棒　スタンプインキ　セロハンテープ　ハサミ

作り方

❶ 半分に切った綿棒をロケットの先に付ける。

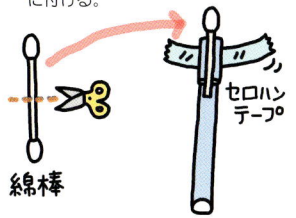

綿棒　セロハンテープ

❷ 新聞紙に的を描く。

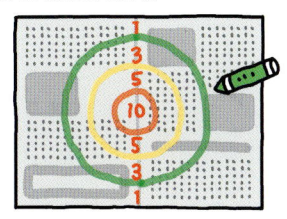

遊び方

綿棒にスタンプインキを付け、的にロケットを飛ばしてみよう。

重い？　軽い？
おもかるロケット

用意するもの　クリップや紙テープなど

遊び方

「クリップつけてみようかな」
「かみテープまーきまき♪」

クリップを付けたり、紙テープを巻き付けたりして、ストローは重いほうがいいのか軽いほうがいいのか、自分たちで試しながら作ってみよう。

オリジナルを作ろう！
マイロケット！

用意するもの　画用紙　セロハンテープ　ハサミ　フェルトペンなど

作り方

❶ 画用紙にロケットの絵を描き、切り取る。

❷ ❶をロケットの先にはり付ける。

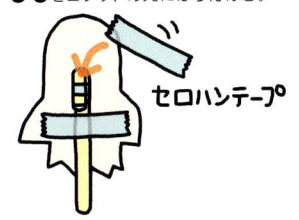

セロハンテープ

遊び方

飛ばして遊んでみよう。

P.70 季節・行事にピッタリ！　P.71 基本形でロケットゲーム！ につづく

季節・行事にピッタリ！

参観日でお父さんといっしょに作ろう！
ロケットの発射装置を保護者の方といっしょに作って飛ばして遊びます。

3・4・5歳児⑤

主な素材：ストロー

よ〜し、行くぞ！
パック式発射台

用意するもの
牛乳パック　セロハンテープ
ビニールテープ　目打ち　ハサミ

作り方
1. 牛乳パックを図のように畳み、穴をあけてストローを通す。
2. 通したほうのストローの先は4等分に切り込みを入れて広げ、パック内ではり付ける。
   ※すき間が空いた場合はセロハンテープでふさごう。
3. 注ぎ口をビニールテープで留める。

遊び方
ロケットを差し込み、両手で上下にパックを押そう。

引っ張って押し出す！
くうきほう式発射台

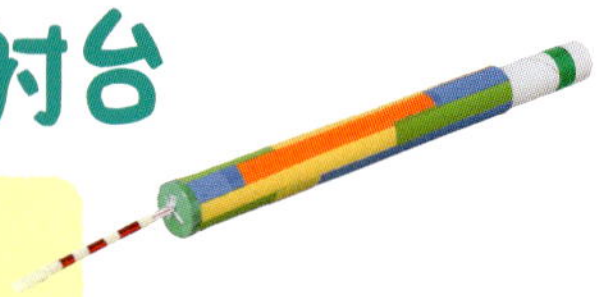

用意するもの
太めの芯　細めの芯
ティッシュペーパー×3〜4
ストロー（直径5mm）　ハサミ
ビニール袋（10×10cm）　厚紙
ビニールテープ　セロハンテープ

作り方
1. 太めの芯の上を穴をあけた厚紙で覆い、セロハンテープでしっかり留める。
2. 約8cmに切ったストローの先に切り込みを入れる。❶の穴に合わせてストローをセロハンテープでしっかり留める。
3. 細めの芯の上を厚紙で覆う。その上に丸めたティッシュペーパーとビニール袋を乗せて、セロハンテープで留める。
4. ❸を❷の芯に差し込む。空気がもれないようにビニールテープを巻く。

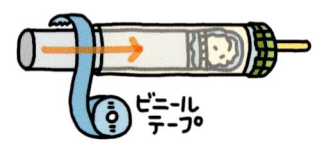

遊び方
風船の空気入れと同じように細めの芯を引いて押し出そう。

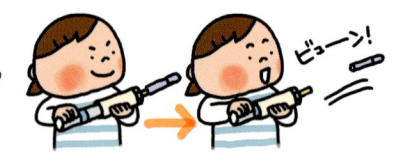

紙コップを使って
パチンコ式発射台

用意するもの
紙コップ　ハサミ　輪ゴム
コピー用紙　ホッチキス
セロハンテープ

作り方
1. 紙コップの口に切り込みを入れ、輪ゴムを掛ける。切り込み部分を折り返し、セロハンテープで留める。
2. 輪ゴムにコピー用紙の持ち手をホッチキスで取り付け、セロハンテープでカバーする。
3. コップの底にストローを通す穴をあける。

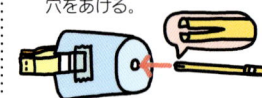

遊び方
穴から、二等分に切り込みを入れたロケットを通し、持ち手に差し込む。ロケットと持ち手を引っ張って、手を離す。

思いっ切り踏み込もう！
ペットボトル式発射台

用意するもの
紙コップ　目打ち
軟らかいペットボトル　セロハンテープ
曲がるストロー　ハサミ

作り方
1. 紙コップの底と側面に穴をあけ、曲がるストローを通す。
2. ペットボトルのふたに穴をあけてストローを通す。
3. ❶と❷のストローをつないで、セロハンテープで留める。
   ※長さが足りないときは、曲がるストローでジョイントしよう。

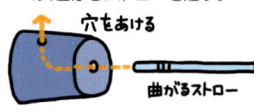

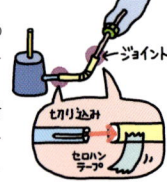

遊び方
ロケットを差し込み、ペットボトルを踏み込もう。

70

3・4・5歳児 ⑤ ストローロケット

基本形でロケットゲーム！

ゴールを目ざして！
ロケットつながりかけっこ

用意するもの ビニールテープ

遊び方

❶ スタートとゴールをあらかじめ決めておき、スタートからロケットを飛ばす。
❷ ロケットが着地した場所から再び飛ばして、少ない回数でゴールした人が勝ち！
※順番に飛ばしてもいいよ。同じ回数でゴールすれば引き分け。

どんどん飛ばそう！
ロケットいれいれ合戦

用意するもの 玉入れ台／ビニール袋

遊び方

❶ 玉入れ台にビニール袋を入れておく。
❷ チームに分かれ、合図でロケットをどんどん入れていき、たくさん入っていたほうが勝ち！

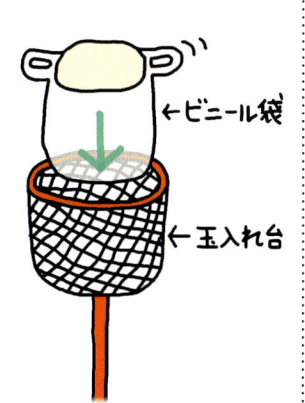

※時間を決めて遊ぼう。ロケットをたくさん用意しておこう。

次はリレー方式！
ロケットつながりリレー

用意するもの ビニールテープ

遊び方

❶ スタートと折り返し地点をあらかじめ決めておき、チームに分かれる。
❷ 「ロケットつながりかけっこ」と同じように繰り返し飛ばして進み、次走者につなごう。
※距離を遠くすると間延びするので、各クラスで調節しよう。

陣地に着陸だー！
ロケット陣地入れゲーム

用意するもの マット×2／ビニールテープ

遊び方

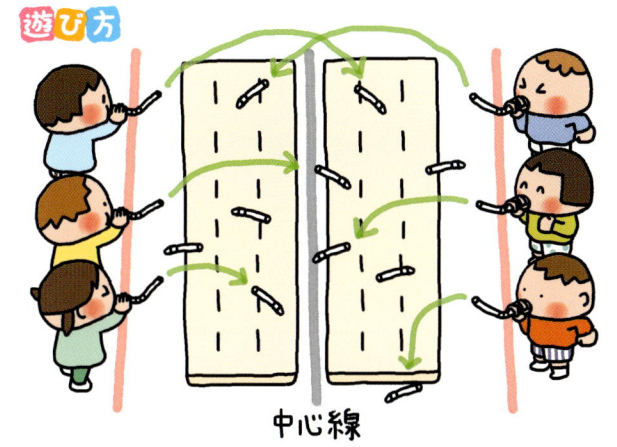

❶ ビニールテープの中心線を挟むようにマットを敷き、2チームに分かれる。
❷ マットから約1m離れた場所（両サイド）に線を引く。
❸ 1人3本のロケットを持ち、合図で相手チームのマットに着陸させるように飛ばす。
❹ 着陸したロケットの多いほうが勝ち！

71

うちわケット

3・4・5歳児 ⑥

主な素材：紙皿　ペーパー芯

作り方

用意するもの　紙皿（直径18〜20cm）　ペーパー芯　セロハンテープ　ハサミ　クレヨンなど

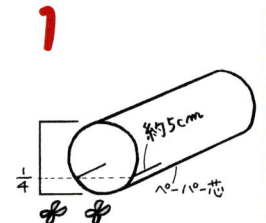

1
ペーパー芯上部を幅1/4のところで約5cmの切り込みを入れる。

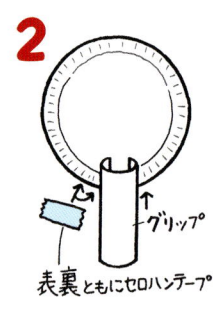

2
紙皿を差し込んでセロハンテープで留め、自由に装飾しよう。表裏ともにセロハンテープ。

基本形で遊ぼう！

じょうずに打てるかな？
ボールをポ〜ン！

用意するもの　ティッシュペーパー×3　セロハンテープ

遊び方
3枚のティッシュペーパーを丸めてセロハンテープで留めてボールを作り、打ってみよう。

「うつよ〜！」「それっ！」

慎重に、慎重に。
THE・はこぶ

遊び方
「そ〜っとそ〜っと」

『ボールをポ〜ン！』で使ったボールをうちわケットに乗せて運んでみよう。
※リレー方式で競争してもおもしろいよ。また、風船を運んでも盛り上がるよ。

3人寄れば∞
3人組であおいであおいで

用意するもの　大型積み木　マット

遊び方
「たおれて〜！」　約1〜1.5m

大型積み木の上にうちわケットを並べる。3人ひと組になって、1〜1.5m離れたマットから20秒間あおいでうちわケットを倒そう。たくさん倒したほうが勝ち！

3・4・5歳児 ⑥ **うちわケット**

アレンジして遊ぼう!

ハンディタイプ
手持ちお面

用意するもの クレヨン

作り方
皿の裏に鬼やキャラクターの顔を描いてみよう!

じょうずに動かして!
うちわケットでポトン

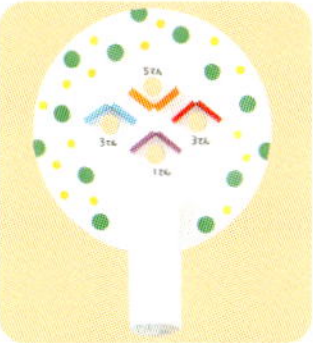

用意するもの 色画用紙　ハサミ　カッターナイフ　ビー玉　のり　フェルトペン

作り方
❶ 4つの穴を紙皿の中心、端付近、その間などにあける。 
❷ 穴の側に帯状の色画用紙をL字に折って受けを作る。 
❸ 得点を書き込む。グリップから遠いほど高い得点を付けよう。
※保育者があらかじめ穴をあけておいてもいいでしょう。

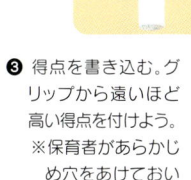

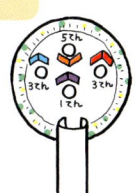

遊び方
グリップからビー玉を投入し、ビー玉を動かして穴にはめよう。

おっとっと!
うちわケットめいろ

用意するもの 色画用紙　のり　ビー玉

作り方
帯状の色画用紙をL字に折って、自由に迷路を作ろう。

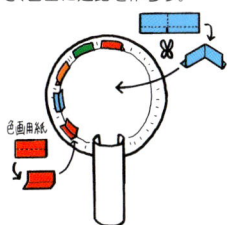

遊び方
グリップからビー玉を投入し、ゴールまでビー玉を動かしていこう。 
※ゴールはグリップ部分に戻ってきてもいいし、紙皿上で設定してもいいよ。

エンドレスピンポン
ピ〜ンポ〜ン!

用意するもの 輪ゴム×2　アルミホイル　透明粘着テープ　たこ糸(約50cm)　ティッシュペーパー×2　ビニールテープ

作り方
❶ 紙皿の中心に切り込みを入れ、輪ゴムを掛けてテープで留める。 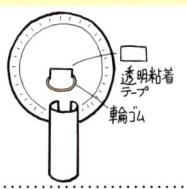
❷ 丸めたティッシュペーパーをアルミホイルで包んでボールを作る。輪ゴムをボールに沿わせてビニールテープで留める。 
❸ ❶で付けた輪ゴムと❷の輪ゴムをたこ糸でつなぎ、自由に装飾しよう。

遊び方
ボールを持って振り抜こう。たこ糸でつながっているので繰り返し遊んでいくうちに紙皿に当たるよ。 

引っ張って!
うちわケットバンバン!

用意するもの ホッチキス　ハサミ　セロハンテープ　輪ゴム×3　ティッシュペーパー×2　アルミホイル　色紙　など　ビニールテープ

作り方
❶ うちわケットの上部に入れた切り込みに輪ゴムを掛けてホッチキスで留め、セロハンテープでカバーする。 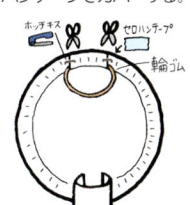
❷ 輪ゴムを2本ほどつないで、ボール(『ピ〜ンポ〜ン!』参照)をビニールテープで留める。皿に自由に装飾しよう。

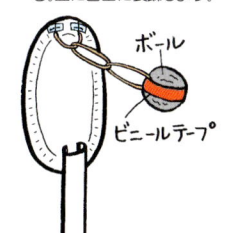

遊び方 
グリップを持ってボールを引き、手を離すと紙皿に当たり、「バン!」と音が鳴る。
※決して友達に向けて使わないように配慮しましょう。

P.74 季節・行事にピッタリ!　P.75 レッツ競技!　につづく→

季節・行事にピッタリ！

3・4・5歳児 ⑥

主な素材：紙皿、ペーパー芯

あ・お・ぐー
パタパタパタ～　　夏

遊び方
「すずし〜！」

暑い日にあおいでみよう！

手作りプラネタリウム
満天の星が手元に　　夏・冬

用意するもの：色画用紙または色紙、竹串またはボールペン、ハサミ、のり、タオル

作り方
① 色画用紙または色紙を紙皿の大きさに切ってはり付ける。
色画用紙または色紙 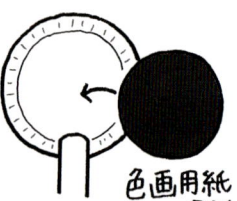

② 星をはって（星座の本を見てもいいし、自分で考えてOK）、タオルなどのクッションを敷き、竹串やボールペンなどで穴をあける。
竹串／タオル

遊び方
キラキラ〜　「きれいなおほしさま！」

保育室の蛍光灯などに透かして見ると、穴が星に見えるよ。

水でっぽうで的当て
よ〜し 当ててやるぞ！　　夏

用意するもの：水でっぽう、洗濯バサミ

遊び方
「あたった！」

洗濯バサミでうちわケットをつるして、ゆらゆら揺れている的を水でっぽうでねらおう。

かぶってなげなげ
豆まき合戦！　　2月 節分

用意するもの：新聞紙

遊び方
「えーい！」「うわ〜」

小さく丸めた新聞紙を豆に見立てる。うちわケットはお面の役割になるよ。投げるときは面を下げ、投げた後は面をかぶる。繰り返し、投げ合いをして遊んでみよう。

3・4・5歳児⑥ **うちわケット**

レッツ競技！

目ざせストライク！
うちわケットボウリング

用意するもの ボール

遊び方

友達のうちわケットもいっしょに並べてボールを転がそう。たくさんうちわケットを倒したほうが勝ち。
※ボールのかわりにP.56『スポンジころころ』を使っても楽しいよ。

さぁ、当たるかな？
ボトル砲で的当て

用意するもの 軟らかいペットボトル（500mℓ）
ティッシュペーパー×2

遊び方

「いっぽんたおした！」
「ぽんっ！」

うちわケットを並べる。ペットボトルの口に丸めたティッシュ詰め、ペットボトルを押して勢いよく発射！
※最初は距離を近くにして、少しずつ離していこう。

ラリーを続けよう！
バルミントン

用意するもの 水風船

遊び方

「いけ〜！」

水は入れずに、水風船を膨らませてバドミントンをしよう。打ったりあおいでみたりしよう。

かまえて・投げて・当てる！
なげてヨシ！

用意するもの フェルトペン　新聞紙

遊び方

「ポイッ」

手前は1点、中間は3点、後方は5点となるようにうちわケットに点数を書き、並べる。新聞紙を丸めたボールを投げて当ててみよう。

75

筒ンガ

3・4・5歳児 ⑦

主な素材：紙コップ

作り方

用意するもの　紙コップ（90ml）×2　セロハンテープ

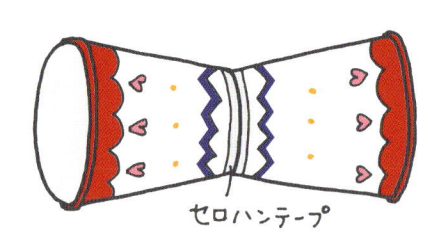

2個の紙コップの底同士をセロハンテープでつなげ、自由に装飾しよう。

基本形で遊ぼう！

とにかく転がしてみよう
ころころころ

遊び方

いろいろなところで転がして遊んでみよう。どのような場所がよく転がるのか、調べながら遊んでも楽しいよ。

じょうずに転がせるかな？
転がし棒でころころころ

用意するもの　ラップの芯　ペーパー芯　セロハンテープ

遊び方

ころころころ〜

転がし棒を使って、筒ンガを転がして遊んでみよう。

転がし棒の作り方

ラップの芯とペーパー芯をT字にセロハンテープでくっつける。

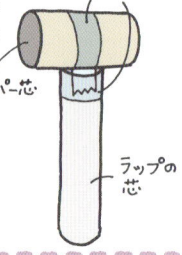

風を作って遊ぼう
あおいでころころころ

用意するもの　うちわ

すすめ〜！

遊び方

うちわであおぐ方向を変えてみると進む方向も変わるよ。
※うちわのかわりにP.72『うちわケット』を使っても楽しいよ。

しっかりあおいで！
筒ンガサッカー

用意するもの　空き箱や段ボール箱　など　うちわ

遊び方

お互いのチームのゴールを空き箱や段ボール箱で作る。筒ンガをうちわであおいで相手チームのゴールに入れよう。
※筒ンガの口に画用紙などでふたをし、サッカーボールのイラストを描くとバッチリ！

76

3・4・5歳児 ⑦ 筒ンガ

アレンジして遊ぼう!

どんな違いがあるかな?
紙コップを大きくして遊ぼう

遊び方

「おっきくしたよ!」

205mℓ、400mℓなどさまざまな大きさの紙コップに変えて遊んでみよう。

どこまで長くなるかな?
連結筒ンガ

用意するもの　セロハンテープ

作り方
筒ンガをくっ付けて長くする。

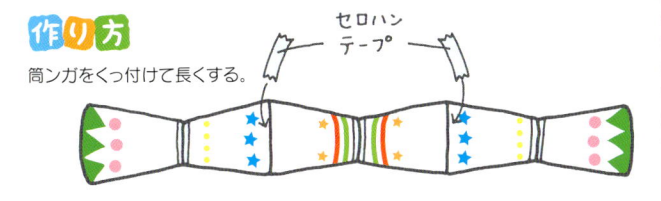

セロハンテープ

遊び方
転がして遊んでみよう。どこまでくっ付けても転がるかどうか? を子ども同士で話し合いながら遊んでいくのもおもしろいよ。

「ころがったー!」

転がり方がおもしろい!
ご〜ろりん筒ンガ

用意するもの　セロハンテープ　踏切板　油粘土

作り方
両サイドの同じ位置に油粘土をセロハンテープでくっ付ける。

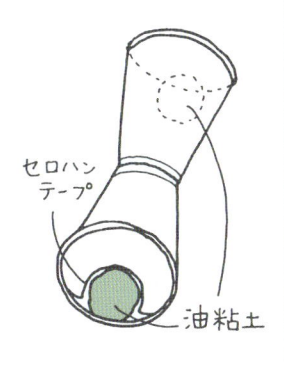

セロハンテープ
油粘土

遊び方
「へんなうごき〜!」

踏切板を使って転がしてみよう。

お好みの色で
いろいろメガネ

用意するもの　紙コップ(90mℓ)　カラーセロハン　ハサミ　セロハンテープ

作り方
❶ 少し縁を残して底を切り抜いた紙コップにカラーセロハンをはり、レンズに見たてる。

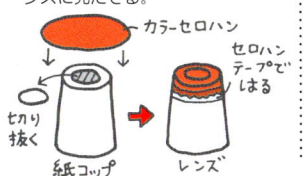

カラーセロハン
切り抜く
紙コップ
セロハンテープではる
レンズ

❷ 筒ンガの底をくりぬき、レンズを重ねてでき上がり。

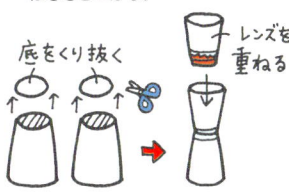

底をくり抜く
レンズを重ねる

遊び方
「まっかっか!」
「いろんないろのをつくったよ」

レンズを入れ替えたり重ね付けなどしたりすると、カラフルメガネになるよ。

P.78 季節・行事にピッタリ!　P.79 音を楽しもう! につづく

77

季節・行事にピッタリ！

3・4・5歳児 ⑦

主な素材：紙コップ

みんなでやってみよう
くるくるフラワー 🌸春

用意するもの：ハサミ　フェルトペン

作り方
筒ンガの片側に深く切り込みを入れていき、同じ方向に折り曲げる。羽根に模様を描いてもOK！

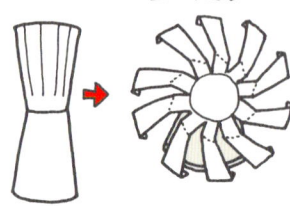

上から見ると

遊び方
まわってる！
上から落とすと、くるくる回りながら着地するよ。

どんどん釣れるよ
タコ釣り名人 🎆お祭り

用意するもの：ハサミ　クリップ　フェルトペンなど

作り方

❶ 筒ンガの片方に深く切り込みを入れて広げる。頭にクリップを付ける。

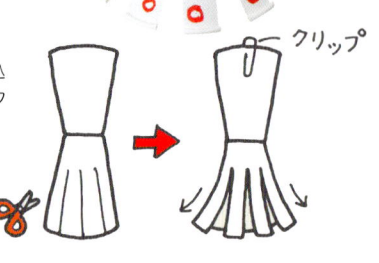

クリップ

❷ 色を塗ったり、顔を描いたりする。
※クリップを付けて、割りばしなどにひもと磁石を付けたさおを作ればタコ釣りあそびができるよ。

フェルトペンで描く

まわるまわ～る
水車であそぼう 🌻夏

用意するもの：
曲がるストロー×2
ペットボトル用ハサミ
ハサミ　セロハンテープ
ビニールテープ　ホッチキス
ペットボトル（2ℓ）

作り方

❶ 筒ンガの両側を同じ間隔で切って同じ方向に折り曲げる。折り曲げた先を交差させてホッチキスで留める。

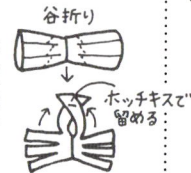

谷折り
ホッチキスで留める

❷ 中心に穴をあけて、曲がるストローを通す。ストローの先は切り込みを入れてもう1本とつなげて、セロハンテープを巻く。

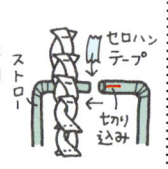

セロハンテープ
ストロー
切り込み

❸ ❷が動かないようにストローにビニールテープを巻いて留めを作る。

ビニールテープ

❹ ペットボトルを底から約9cmで切り、両端にストローを取り付ける。

ビニールテープ
ペットボトル

遊び方 
まわった！
くるくる
水を流して遊んでみよう。

風を感じよう
穴あきころころ ❄冬

用意するもの：ハサミ

作り方
筒ンガの上下共に3か所ずつ、図のように切り込みを入れて中に押し込み、空気の通る穴をあける。

上から見ると

遊び方 
まてー
よくころがるな！
風が中に入ってどんどん進んでいくよ。

3・4・5歳児⑦ 筒ンガ

音を楽しもう！

2つの音を楽しもう
ダブルマラカス

用意するもの　画用紙　ドングリ・ビーズなど　セロハンテープ　ハサミ

作り方
筒ンガの両側にドングリやビーズなどの違う素材を入れる。画用紙のふたを作り、セロハンテープで留める。

遊び方
マラカスのようにシェイクして遊んでみよう。

声が大きくなっちゃった！
ミニメガホンを作ろう！

用意するもの　紙コップ（205ml）　P.78『穴あきころころ』　ハサミ

作り方
『穴あきころころ』を、底をくり抜いた紙コップ（205ml）にはめ込む。

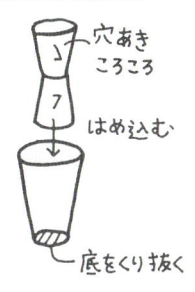

遊び方
紙コップ（205ml）の底部分から声を出してみよう。同じ声の大きさでもかなり響くようになるよ。

ぽんぽこぽんぽん
筒ンガタイコ

用意するもの　紙コップ（205ml）×2　コピー用紙　セロハンテープ　ハサミ　割りばし　ティッシュペーパー

作り方
① 紙コップ（205ml）で筒ンガを作り、片方をコピー用紙でふたをする。
※セロハンテープを放射状にはっていくとコピー用紙がピンと張ってよりいい音が出るよ。

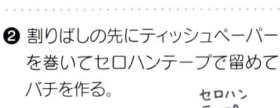

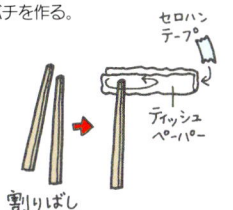

② 割りばしの先にティッシュペーパーを巻いてセロハンテープで留めてバチを作る。

遊び方
バチを使って、コピー用紙部分を軽くたたいてみよう。

ボリューム大！
パンパン鉄砲

用意するもの　紙コップ（205ml）×2　セロハンテープ　曲がるストロー　輪ゴム　ハサミ　ホッチキス

作り方
① 紙コップ（205ml）で筒ンガを作り、底に切り込みを入れる。

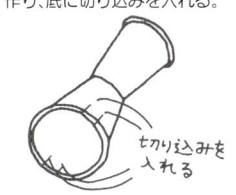

② ストローに輪ゴムの中心をホッチキスで留め、先に切り込みを入れて広げる。ストローの曲がる部分を曲げて、セロハンテープで固定する。

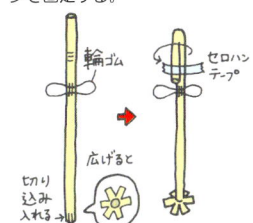

③ ②の輪ゴムを紙コップの切り込みに掛け、折り返してセロハンテープで留める。

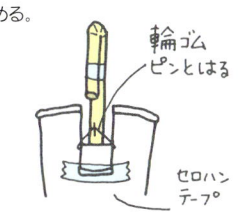

遊び方
ストローを引っ張って離すと「パーン」と鳴り響くよ。
※耳に近づけて鳴らさないようにしよう。

79

タツンダ

3・4・5歳児 ⑧

主な素材：ペーパー芯

作り方

用意するもの　ペーパー芯　ハサミ　セロハンテープ

1 ペーパー芯の端から5cmの切り込みを2か所入れる。

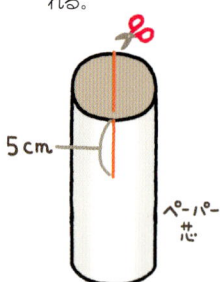

2 切り込み部分を絞って、直径約2.5cmの円になるところをセロハンテープで留める。

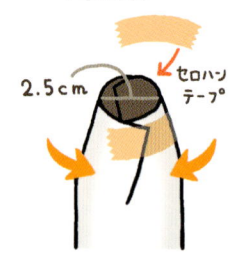

基本形で遊ぼう！

転がるかな？ どうかな？
タツンダころころ

あっ！でてきた！

用意するもの　ビー玉やドングリ

遊び方

つなげたタツンダに、ビー玉やドングリを入れて転がしてみよう。

自由に並べて
タツンダボウリング

用意するもの　新聞紙×1/2　輪ゴム×5　ビニールテープ

遊び方

❶ 新聞紙半分を丸めて作ったボールに、輪ゴムを5本つなげたものを付ける。

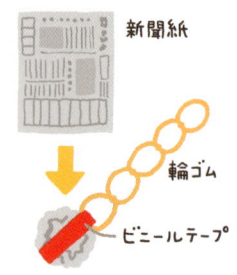

❷ 輪ゴムの先を床やテーブルにはり付け、タツンダを並べる。

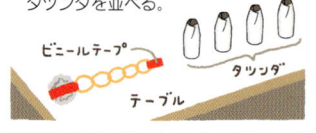

❸ ボールを引っ張ってタツンダを当てる。
※タツンダの並べ方、数は自由です。いろいろ試してみよう。

積み上げよう！
タツンダタワー

たか〜い！

遊び方

タツンダを積み重ねよう。

見える丸の数が変わる！
タツンダスコープ

まるが2つになった！

遊び方

2本のタツンダを持ち、覗き込む。上下左右に動かすと、丸の見え方に変化があるよ。

アレンジして遊ぼう！

3・4・5歳児⑧ タツンダ

ロケット発射〜！
タツンダロケット

用意するもの
輪ゴム×5〜10
色画用紙など　ハサミ
スズランテープ　のり
イスや大型積み木
ビニールテープ　セロハンテープ

遊び方

❶ タツンダに翼、先には輪ゴムを5〜10本つなげたものを取り付ける。

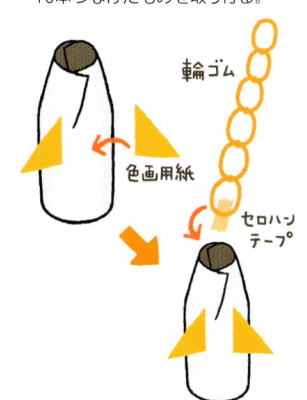

❷ 壁にスズランテープをはる。タツンダをスズランテープに通して傾斜を付け、イスや大型積み木に固定する。輪ゴムも壁にはり付けておく。

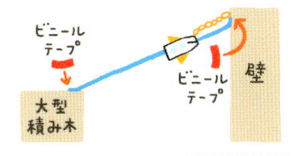

❸ ロケットを引き、手を離すとシューッと進むよ。

目指せ！世界記録！
とびだす！！タツンダちゃん人形

用意するもの
キッチンペーパーの芯
ビニール袋　ストロー
ハサミ　フェルトペン
ビニールテープ
セロハンテープ

作り方

❶ キッチンペーパーの芯にビニール袋を取り付ける。反対側に2か所の穴をあける。

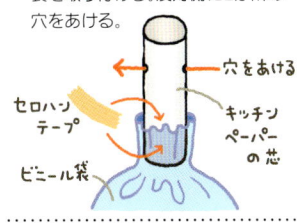

❷ 穴にストローを通し、両端に入れた切り込みを広げてセロハンテープで固定する。

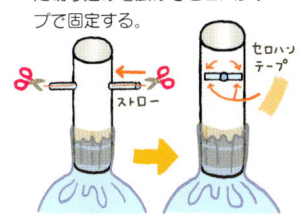

❸ タツンダの絞ったほうの穴をビニールテープでふさぎ、装飾をする。

遊び方

ビニール袋を膨らまし、穴に人形を差し込む。ビニール袋をおなかに当てて押すと人形が飛び出すよ。

また出た！
でるでるタツンダ！

用意するもの
キッチンペーパーの芯（タツンダが入る大きさ）
ハサミ　フェルトペンなど

遊び方

でてきた！

タツンダ数本をキッチンペーパーの芯に入れる。上から出ているタツンダを指先で取り出し、下から入れる。また上から出ているタツンダを取り出して、と繰り返し遊んでみよう。
※タツンダの数は芯の長さに合わせて調整しよう。

子どもが演じてみよう
お話指にんぎょう

用意するもの
色画用紙やフェルトペンなど

遊び方

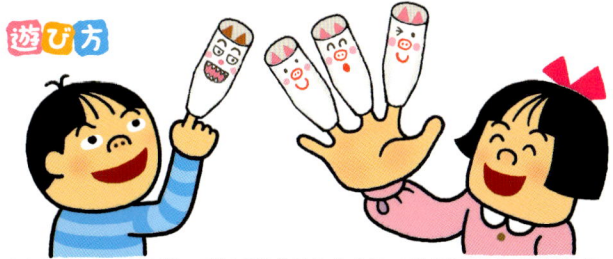

タツンダに顔などを描いて指人形を作ろう。先生ごっこや異年齢でのあそびでも使えるよ。

P.82 季節・行事にピッタリ！　P.83 勝負！　につづく→　81

季節・行事にピッタリ！

たかーく飛んでいけ！
タツンダ玉

6・7月

用意するもの：ビニールテープ　ハサミ　シャボン玉液

作り方
タツンダの太いほうに約2cmの切り込みをたくさん入れて広げる。反対側の吹き口にビニールテープを巻く。

約2cm
ビニールテープ

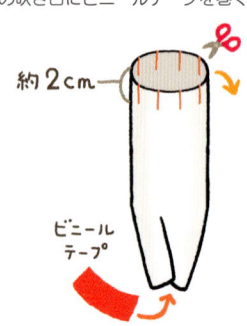

遊び方
シャボン玉液を付けてそーっと吹いてみよう。 

目がランラン♪
タツンダおばけ

10月 ハロウィン

用意するもの：小さな懐中電灯　フェルトペン　ハサミ　セロハンテープ

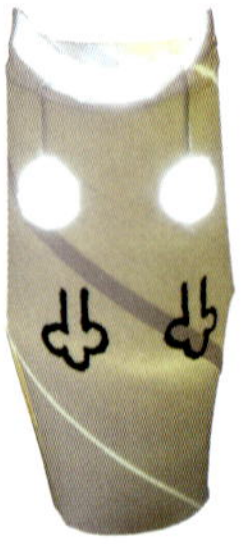

作り方
❶ タツンダの太いほうから切り込みを入れて目を切り抜き、切り込み部分をセロハンテープで閉じる。

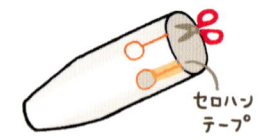

セロハンテープ

❷ 上は図のように折り込んで閉じる。

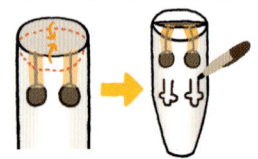

遊び方
下から、小さな懐中電灯などで照らすと目が光るよ。 
※カラーセロハンなどを目にはってもおもしろいよ。

まわるね〜！
ぐるぐるタツンダゴマ

1月 お正月

用意するもの：ペットボトルのキャップ　ビニールテープ　ピンポン球　両面テープ

作り方
❶ タツンダの絞っているほうにペットボトルのキャップを乗せて、ビニールテープを巻く。

ペットボトルのキャップ
ビニールテープ

❷ 太いほうから切り込みを入れて広げる。ピンポン球に両面テープを付けてはめ込む。

両面テープ
ピンポン球

遊び方
キャップ部分を持って、回してみよう。

ステキなお花を咲かせよう！
タツンダフラワー

3・4月

用意するもの：コーヒーフィルター　絵の具　ハサミ　のり　広告や色画用紙

作り方
❶ タツンダの太いほうに切り込みを入れて広げ、絵の具などで着色する。ガクに見たてる。

約5cm

❷ 絵の具をにじませたコーヒーフィルターを広げ、ガクの内側にのり付けする。

コーヒーフィルター
のり

❸ クキは、広告や色画用紙などを棒状に巻き、色画用紙の葉を付け、タツンダに取り付ける。
※卒園児や入園児へのプレゼントになるよ。

広告紙や色画用紙
色画用紙

3・4・5歳児 ⑧

主な素材：ペーパー芯

3・4・5歳児⑧ **タツンダ**

勝負！

じょうずに運べるかな？
ボールタツンダはこび

用意するもの
紙コップ（90ml）
セロハンテープ
カラーボールなど

遊び方
紙コップの底とタツンダの太いほうをセロハンテープではり付けたものに、カラーボールなどを乗せて運べるか勝負！
※作り方はP47『まんまる型はめ』参照。

おとさないように…

ハラハラドキドキ
鬼さんぴょーん！

用意するもの
輪ゴム　セロハンテープ
紙コップ（90ml）
曲がるストロー　ハサミ
フェルトペンなど

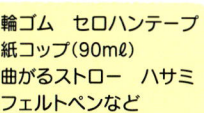

作り方
① タツンダの太いほうに入れた切り込みに輪ゴムを掛け、折り返してセロハンテープで留める。

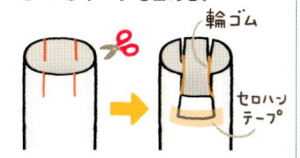

② ストローを曲げて輪ゴムを挟み、下をセロハンテープで固定する。

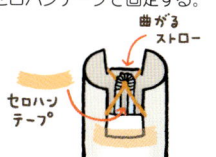

③ 紙コップに鬼の顔を描いてタツンダに乗せる。

遊び方
① 鬼を決め、鬼は参加人数の中から好きな数字を心の中で選ぶ。

② ほかの子どもはひとりずつ、鬼が選んだ数字を当てていく。言われた数字と選んだ数字が当たれば、持ち手を引いて鬼を飛ばそう。

③ 当てた子どもは鬼を交代する。最後まで当てられなかったら鬼の勝ち！

シャトルに変身！
タツミントン

用意するもの
ペットボトルのキャップ
ティッシュペーパー×3
ビニールテープ　ハサミ
紙皿やうちわ　セロハンテープ

作り方
① タツンダの太いほうに約5cmの切り込みを6等分に入れて広げる。

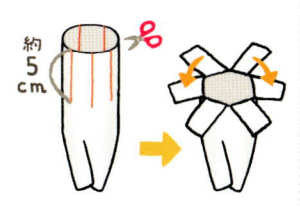

② 絞っているほうにペットボトルのキャップを乗せて、ビニールテープで巻く。

③ 3枚のティッシュペーパーを丸めて②に取り付けます。

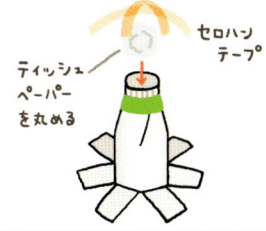

遊び方
紙皿やうちわのラケットを使ってバドミントンをしよう。
※P.72『うちわケット』を使ってもOK！

グラグラ感がイイ！
ボールのせのせ

用意するもの
カラーボール
（直径5cmくらい）

遊び方

あっ！

そ〜っと

5本のタツンダを太いほうを上にして並べる。その上にカラーボールを乗せていく。ボールを先に乗せ切ったほうが勝ち！

83

保育力アップ！講座①

子どもにとっての おもちゃって何？

3つの視点から

おもちゃは環境の一部！

ふだんから子どもがおもちゃに触れて遊ぶことができる環境づくりを目ざしましょう。

本書では、たくさんのあそびを紹介しています。しかし、ただあそびを次々にするのでは意味がありません。目の前の子どもの発達に合わせて、あそびを展開していくことが重要です。

日ごろからおもちゃとかかわれる環境の中で、どんなあそびに展開していけるかを考えていけるといいですね。

乳児のおもちゃは…
いつもそばに！

いつも身近にあるおもちゃを少しずつ変化させていきましょう。その過程をあそびや生活の中に取り入れていくと、変化に適応していく能力を導き出すことができます。

乳児は月齢によって発達の差が大きいので、個々に対応する難しさもありますが、ひとりひとりの成長過程を見つめる意味では非常に奥深いものです。子どもが発信しているサインをうまくキャッチして手だてを考えていくことが重要でしょう。

幼児のおもちゃは…
「楽しむ」ことが大前提！

とにかく作って楽しい、遊んで楽しいが大前提です。この部分が抜けてしまい、作ることに必死になると、子どもから「楽しくない！」と不満が出てくるのも当然です。

まずは、保育者のあなたが作って遊んでみましょう。そして、自分のクラスに合った計画をたてることが重要です。

例えば、参観日。子どもは大好きなパパやママ、おじいちゃんおばあちゃんといっしょに作ることを何よりも楽しみにしていると思います。そこで、まずは一度、子どもたちといっしょに作って遊んでみましょう。準備や子どもの製作過程、保護者の作業過程を考慮しながら、「ここまですれば十分に楽しめる！」というところまで見通しを持てるといいですね。

保育力アップ！講座②

おもちゃで遊ぶときの6つのヒント

6つのヒントを押さえて、本書のおもちゃを作って遊んでいくと保育に深みが増しますよ。

その1　基本形で十分に遊ぼう！

子どものあそびは連続性があるので、段階を飛ばすことができません。まずは、おもちゃの基本形でじっくり遊んでいきましょう。

その2　繰り返しでおもちゃをマスター！

ひとつのおもちゃで繰り返して遊んでいきましょう。そうすることで、おもちゃの使い方を次第に理解していきます。さらに、自分たちでどんどんあそびを広げていくことができるようになるので、子どもの「楽しい」につながります。

その3　あそびの変化に対応しよう！

おもちゃの基本形で十分に遊んだら、次のあそびにステップアップ！　子どもの姿を見て、次のあそびに移るタイミングに気づけるといいですね。子どもが興味・関心を示す内容でプランを考えましょう。

その4　考える力を鍛えよう！

材料や素材を見て、「使えるかな？」「どんなふうに遊べるだろうか？」と子どもも保育者も考えられるといいですね。考える力が身につけば、「こうすればどうなるのだろう？」と興味や関心を持つきっかけとなり、あそびに深みを増すことにもつながるでしょう。

その5　時には仲間といっしょに！

ひとつのおもちゃを通して、子どもたち同士のかかわりや協調性、社会性の育ちを考えていきましょう。

その6　運動機能フル活用！

おもちゃで遊ぶうえで、体のさまざまな部分を使ってあそびの幅を広げていきましょう。指先、各関節、体の伸び縮みなどの運動機能を働かせて遊ぶことも大切です。子どもの発達段階に合わせて、適切なあそびを取り入れていけるといいですね。

保育力アップ！講座 ③

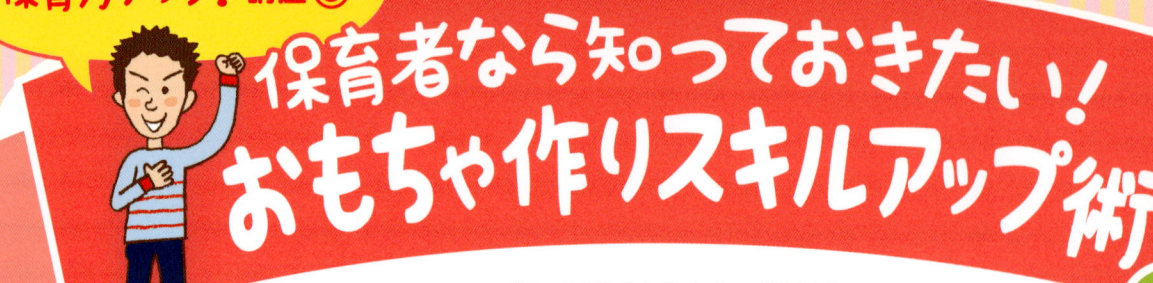

保育者なら知っておきたい！
おもちゃ作りスキルアップ術

知識編

知っておくとおもちゃ作りがスムーズにできるスキルアップ術を紹介。保育者が道具の特性や使い方を理解しておくことが大切です。

知識編 & 実践編

テープの使い分け術

テープにもさまざまな種類があります。テープの特性とおもちゃの特性に応じて使い分けてみましょう！

セロハンテープ
- 紙同士をつないだり、くっ付けたりするときに適している。

クラフトテープ
- 段ボール箱を留めるのに適している。
- 重ねばりができない。

カラー布粘着テープ
- 粘着力が強いので、段ボール箱などの大きいものでがんじょうに作りたいときに適している。
- 装飾にも使える。

ビニールテープ
- 巻き付けるときに適している。
- 乳児は玩具を口に入れることが多いので、巻いて強化・保護する。
- 色の種類が多いので、装飾にも使える。

道具選びの術

主に製作で使うときにおすすめのものです。

ホッチキス
細い部分などに差し込んで留めることもあるので、先ととじる部分の距離は短いほうが便利です。
※P.40『おもしろタマゴ』を作るときにおすすめです。

ひとつ穴あけパンチ
2つ穴よりも使いがってがよく、子どもでも簡単に使えます。穴をあけたときに出てくる丸も装飾などに使用してみましょう。
※P.74『手作りプラネタリウム』の星に使ってみてもいいでしょう。

ハサミ
子どものハサミは大人が思っている以上によく切れるので、十分に対応できます。自分の使いやすいハサミを選んでみてください。

子どもの「作る意欲」を引き出す術

多くの道具を使えると、作ることのできる範囲も広がって、「作る意欲」が増大します。

- セロハンテープを切る
- ホッチキスで留める
- 定規で線を引く
- 穴をあけるために目打ちを使う
- えんぴつを削る
  （子ども用えんぴつ削りナイフを使うと、指先の訓練にもなります）

など、いろいろな道具を使ってみましょう！
以上を使い込むコツは、

- 指先に力を入れる
- じょうずに指先を動かす

あそびの中でいろいろな動きをすることが大切になってきます。おもちゃ作りを通して、子どもたちのさまざまな成長を促してください。

実践編

おもちゃを作るときにお役だちのスキルアップ術を紹介。
子どもといっしょにやってみましょう！

かんたん穴あけ術

「穴をあける＝カッターナイフで！」と思いがちですが、違う方法でもあけてみましょう。これなら、子どもも道具を使って、または保育者が使い方を知ったうえで作業を簡単に進めることができます。

★ 立体に穴をあけるとき

1 あけたい穴の大きさの丸を下書きする。このとき、身の回りのものを使ってかたどるとラクチン♪

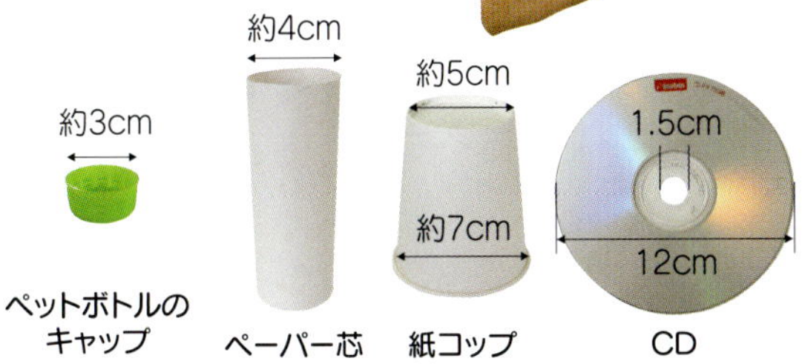

- ペットボトルのキャップ 約3cm
- ペーパー芯 約4cm
- 紙コップ 約5cm／約7cm
- CD 1.5cm／12cm

2 ハサミを広げ、下書きの丸の中心に当て、差し込む。

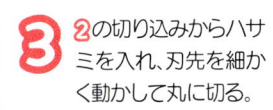

3 2の切り込みからハサミを入れ、刃先を細かく動かして丸に切る。

★ もっと小さい穴をあけるとき

ペットボトルのキャップ

1 目打ちやキリで中心に穴をあける。

2 いちばん細いプラスドライバーでねじりながら、穴を広げる。同じ手順であけたい大きさの穴まで、ドライバーを太くしていく。

※穴をあける際、けがをしないように注意しましょう。

紙類（紙コップ、牛乳パック、紙皿、ペーパー芯　など）

1 目打ちで穴をあける。

2 えんぴつやボールペンなどで穴を広げる。

※小型電動ドリルを使うと、女性でも簡単に穴をあけることができます。回転は低速なので、けがのリスクも低いです。
※目打ちやドライバーを使用しないときは右のように牛乳パックに差し込んでおくと安全です。

★ 平面に穴をあけるとき

1 あけたい場所を軽く折る。

2 ハサミで切り込みを入れる。

3 折り目を戻して、切り込みから自由に形を切り抜く。

テープカッター使いこなし術

子どもがテープカッターを使うときの3ステップです。

1 ちょっと引いて！

2 刃に当てて！

3 クリン！ 　手首をひねる。

著者

小倉 和人
（おぐら　かずひと）

KOBEこどものあそび研究所　所長
関西国際大学　教育学部　講師
ひょうご男性保育者連絡会　代表　など

神戸、明石の保育園を中心に計４か所、17年の勤務経験がある。
その後、子どものあそびと育ちを考える、KOBEこどものあそび研究所を立ち上げる。
運動あそび、親子あそびの指導や、子育て支援の観点から地域のパパ・ママといっしょに親子あそびを楽しむイベントを数多く行なっている。
また、乳幼児のあそびの中で身近な物を使って取り組むことにも力を入れ、楽しい・カンタン・おもしろい！製作あそびを保育雑誌などに執筆している。

共著に『遊びっくり箱』『ラクラクイキイキ運動会種目集』『０・１歳児のあそびライブ96』（すべてひかりのくに）がある。

STAFF

- ●本文デザイン……小林真美
- ●作品製作………あきやまりか
  イケダヒロコ
  いとうえみ
  くるみれな
  たけうちちひろ
  藤江真紀子
  降矢和子
  むかいえり
  minami
  chihiro
- ●イラスト………石川元子
  いとうみき
  今井久恵
  白川美和
  常永美弥
  とみたみはる
  仲田まりこ
  みやれいこ
  やまざきかおり
  （50音順）
- ●撮影…………佐久間秀樹
- ●企画・編集……花房　陽　安藤憲志
- ●校正…………堀田浩之

本書のコピー、スキャン、デジタル化等の無断複製は著作権法上での例外を除き禁じられています。本書を代行業者等の第三者に依頼してスキャンやデジタル化することは、たとえ個人や家庭内の利用であっても著作権法上認められておりません。

- ●実践・撮影協力……須磨区地域子育て支援センター（兵庫県神戸市）
  認定こども園まあや学園（兵庫県たつの市）
  よこやま保育園（兵庫県三田市）

保カリBOOKS㊴
０・１・２　３・４・５歳児の
たっぷりあそべる手作りおもちゃ

2015年10月　初版発行
2019年７月　第６版発行

著　者　小倉 和人
発行人　岡本 功
発行所　ひかりのくに株式会社
　〒543-0001　大阪市天王寺区上本町3-2-14
　TEL06-6768-1155　郵便振替00920-2-118855
　〒175-0082　東京都板橋区高島平6-1-1
　TEL03-3979-3112　郵便振替00150-0-30666
　ホームページアドレス　http://www.hikarinokuni.co.jp
印刷所　大日本印刷株式会社

©Kazuhito Ogura, HIKARINOKUNI 2015
©2015　乱丁、落丁はお取り替えいたします。

Printed in Japan
ISBN978-4-564-60875-9
NDC376　88P　26×21cm